中国名村志文化工程
Culture Project of Local Records of China's Famous Villages
中 国 名 村 志 丛 书
中 国 传 统 村 落 志 丛 书

阳山村志

LOCAL RECORDS OF YANGSHAN

湖南省桂阳县正和镇阳山村志编纂委员会　编

方志出版社
Publishing House of Local Records

图书在版编目（CIP）数据

阳山村志 / 湖南省桂阳县正和镇阳山村志编纂委员会编. —北京 : 方志出版社，2024.8
（中国名村志丛书）
ISBN 978-7-5144-5706-3

Ⅰ. ①阳… Ⅱ. ①湖… Ⅲ. ①村史－桂阳县 Ⅳ. ① K296.45

中国国家版本馆 CIP 数据核字(2024)第 105009 号

责任编辑：丛珺
责任校对：张玉霞
责任印制：梅中英
出 版 者：方志出版社
地　　址：北京市朝阳区潘家园东里 9 号（国家方志馆 4 层）
邮　　编：100021
网　　址：http://www.zgfzcb.cn
发　　行：方志出版社图书营销中心（010-67110500）
印　　刷：北京中科印刷有限公司
开　　本：787 毫米×1092 毫米　1/16
印　　张：16
字　　数：316 千字
版　　次：2024 年 8 月第 1 版
印　　次：2024 年 8 月第 1 次印刷
定　　价：129.00 元

序一

中共十九大报告明确提出："坚定文化自信，推动社会主义文化繁荣兴盛。""没有高度的文化自信，没有文化的繁荣兴盛，就没有中华民族伟大复兴。要坚持中国特色社会主义文化发展道路，激发全民族文化创新创造活力，建设社会主义文化强国。"编修地方志是中华民族千百年来的固有传统，留下了浩如烟海的历史文献，承担着传承中华文明、发掘历史智慧的重任，发挥着存史、育人、资政的作用。

在习近平新时代中国特色社会主义思想指引下，在增强文化自信、推动传统文化创造性转化、创新性发展背景下，全国地方志事业迎来了开拓创新与转型升级的重要机遇期。中国地方志指导小组及其办公室组织实施的中国名村志文化工程，用中国独有的文化载体——地方志，来记录乡村的"名"和"特"，记录乡村全面建成小康社会的进程和取得的成就，是地方志围绕以人民为中心开拓创新的具体举措，是传承乡土文化、坚定文化自信、加快建设社会主义文化强国的内在要求，是服务乡村振兴战略、加快全面建成小康社会、推进社会主义现代化建设、实现中华民族伟大复兴中国梦的应有之义。

实施中国名村志文化工程，是方志人贯彻落实习近平总书记"农村要留得住绿水青山，系得住乡愁"重要讲话精神的重要举措。"望得见山、看得见水、记得住乡愁……"习近平总书记用诗意的语言为中国的新农村建设指明了方向。开展新农村建设、美丽乡村建设，一定要把绿水青山保留下来，尽可能在原有村庄形态上改善农民生活条件，不盲目拆旧，也不盲目造新，让家乡的每一条河、每一棵树、每一口井，都能永远成为我们的乡愁。这是我们弘扬传统、面向未来的底气所在。那么，如何留住乡音、乡风、乡思，继承传统文化菁华，挖掘历史智慧，成为极其重要的工作。实施中国名村志文化工程，保护抢救、传承保存、开发利用宝贵的村落文化，重新唤起人们记忆中古老村落的青山绿水、小河大树、轶事掌故，打造完整记录乡村发展嬗变和现代化农村经济社会运行模式的系列中国名村志丛书，让乡土文化回归并为困惑的当代人提供精神家园，让农耕文化的优秀菁华成为建构农村文明的底色，无疑具有重要的现实意义和深远的历史意义。

实施中国名村志文化工程，是方志人贯彻落实党中央乡村振兴战略的鲜活实践。中共十八大以来，以习近平同志为核心的党中央高度重视农业、农村、农民工作，提出了许多新理念、新思想、新战略，特别是中共十九大报告作出实施乡村振兴战略的重大部署。2018 年 9 月 26 日，中共中央、国务院印发《乡村振兴战略规划（2018—2022 年）》，明确提出“鼓励乡村史志修编”。深入推进中国名村志文化工程，有利于全面翔实记录乡村振兴进程，客观记载地理环境、历史沿革、姓氏源流、人口、民族、方言、民居、宗祠、风俗习惯、家谱族谱、家规族规、宗教信仰、文物遗址、掌故传说、历史事件、人物等，完整保留乡土文化的原貌。所有这些工作，可以为延伸地方志工作触角，充分发挥志书存史、育人、资政功能提供借鉴；可以为社会各界和华人华侨、港澳台同胞寻根问祖、反哺桑梓、泽被乡里提供帮助。依托中国名村志文化工程的重要平台与载体，乡村振兴战略下的现代乡村将进一步挖掘自身独特内涵，彰显其新时代的作用及意义。

中国名村志文化工程从新时代中国特色社会主义的新需求出发，创新体例，立足实际，内容既严谨又通俗，展示了不同地区自然和社会风貌，在坚持志体基础上运用专题报告、回忆录、人物访谈、新闻资料等多种手法，重点介绍农村地区在转型发展方面的探索、示范、引领意义，对于不断提高地方志事业围绕中心服务大局的能力，为乡村改革发展贡献历史智慧，讲好中国故事，彰显中国软实力，增强“四个自信”等方面具有积极意义。

两年来，在借鉴中国名镇志丛书及各地乡镇（村）志宝贵编纂经验的基础上，中国名村志丛书编修不断取得丰硕成果，产生了良好的社会效益，新一批中国名村志的申报数量、覆盖范围延续强劲增长态势，充分体现出强大的内生动力。下一步，要总结经验、把握规律，为服务国家城镇化建设和乡村振兴战略打造更多优秀文明成果，推动中华优秀传统文化创造性转化和创新性发展，从中提炼出适合新时代、新形势、新变化、新要求的文化精髓，展现中国方志的当代价值和世界意义。

是为序。

中国社会科学院原院长
原中国地方志指导小组组长　谢伏瞻

序二

连绵不断地编修地方志是中国独有的优秀文化传统，承担着赓续文明、传承文化的重任。保存至今的8000余种、10万余卷历代方志，蕴含着传统文化基因和海量文化信息，既是中华优秀传统文化的重要组成部分，又是传承、彰显中华优秀传统文化的重要载体。

在各种类型的地方志编纂中，村志编纂古已有之，但从未进入国家层面的地方志编纂序列。新中国成立以来，党中央、国务院高度重视包括村志编纂在内的地方志工作，出台了重要文件。中央领导发表了重要讲话、作出了重要批示。习近平总书记高度重视包括村志编纂在内的地方志工作。2004年10月，他在担任浙江省委书记时到江山市凤林镇白沙村考察，看到村民编纂的《白沙村志》，鼓励村民把村志继续编纂下去。2014年4月，副总理刘延东在与第五次全国地方志工作会议部分会议代表座谈时指出："要结合发展的新形势，加强对地方志包括部门志、行业志、专题志、乡镇村志编纂的业务指导和服务。"2015年8月，国务院办公厅印发的《全国地方志事业发展规划纲要（2015—2020年）》，正式将中国名村志文化工程列为主要任务之一。2017年5月，中共中央办公厅、国务院办公厅印发的《国家"十三五"时期文化发展改革规划纲要》指出："完成省、市、县三级地方志书出版工作。开展旧志整理和部分有条件的镇志、村志编纂。"可以说，村志编纂迎来了历史上的最好时期。

农业、农村、农民"三农"问题，是数千年来影响中国社会发展最核心的问题。中共中央高度重视"三农"工作，从2004年起，连续13年，每年的中央1号文件都聚焦"三农"。中共十九大报告更是提出"农业农村农民问题是关系国计民生的根本性问题，必须始终把解决好'三农'问题作为全党工作重中之重"，特别是提出了"乡村振兴战略"，这是中国共产党在中国特色社会主义进入新时代后，对农村发展问题所做出的准确把握和与时俱进的战略应对，是建设中国特色社会主义强国战略的重要组成部分。改革开放近40年来，在党中央、国务院高度重视社会主义新农村建设的新形势下，各地涌现出一大批历史文化名村、经济强村、新农村建设示范（试点）村、美丽乡村和特色村，成为先进生产力和先进文化的代表。客观记录中国农村全面建成小康社会的进程，向后人展示在中国共产党领导下农村千年未有的巨变，是地方志工作者肩负的光荣而重大的历史使命。编纂中国名村志丛书，是记载当代中国农村发展变革的重要途径。

文化寻根，寻的是其发展的源头和根基。村落是中国传统文化的根基所在。农村的生产生活方式、社会规范、宗族文化、宗教文化、民风习俗、传统节日、民间艺术等，无不镌刻着中国人独特的民族性格，这就是家国情怀、文脉绵延、精神归属。在快速城镇化进程的冲击和开发性破坏下，大量传统村落面临消亡的危机，村落蕴含的历史文化信息也流失殆尽，抢救性保护刻不容缓。编纂中国名村志丛书，是保存村落历史文化信息，抢救、保护村落文化最好的方式。

一方水土养一方人。家乡的山水草木、村间小巷、乡俗民情会在每个人心头留下深刻的烙印，这就是故土情结。而村落的形成与发展离不开人的活动。编纂中国名村志丛书，通过记述村落建筑、名门望族来追溯村落的历史；通过记述村落规模、布局、人口、物产等反映人口来源、宗族兴衰、生活习惯、文化背景、宗教信仰、经济发展等，体现环境与人相互影响、相互作用、相互发展的既矛盾又统一的关系；通过记述戏剧、音乐、舞蹈、美术、文学、手工技艺等文化形式，展示百姓在长期的生产生活实践中摸索和总结出的智慧结晶，强化人们沟通感情的纽带。编纂中国名村志丛书，是传承乡俗、诉说乡音、记住乡愁、纾解乡思，激活历史传统、唤起共同文化记忆、塑造共同心灵认同的重要文化工程。

中国名村志文化工程以践行文化自信、传承中华文脉、彰显时代发展为己任，以打造全国地方志系统的重要品牌为目标，在体裁运用、篇目设置、资料选择等方面进行大量的创新，突出“名”和“特”，拣选各个名村中最值得记述、最具有代表性的人、事、物，予以浓墨重彩的描画，从而形成系列的、高质量的、可读性强、雅俗共赏的地方志读本，让地方志紧接地气、贴近百姓，让地方志成果进入寻常百姓家，让人民群众共享地方志成果，让越来越多的人从地方志中感知传统、历史和记忆，成为传统村落和传统文化的守护者，成为中华优秀文化的传承者。

是为序。

中国社会科学院原院长
原中国地方志指导小组组长　王伟光

序三

习近平总书记指出：“让居民望得见山，看得见水，记得住乡愁。”这句富有诗意的重要论述不仅唤醒了中国人城镇化建设过程中对于人和自然关系、人和历史关系的思考，同时也引发了学界对“乡愁”进一步进行文化意义解读的兴趣。从本质上看，乡愁是一种源自主体体验的情感，隐含了一种人们带着乡愁追寻自我生存与生命意义、追寻诗意栖居的精神家园的美学思辨。同时，这种追寻自我生存的主体逐渐转向大众群体，乡愁也由传统单一的“文化乡愁”“爱国情怀”演变为对于“理想家园”的精神追求。

中国有近 60 万个村庄，约有 5000 个古村落，被住房和城乡建设部、国家文物局界定的传统村落就有 1561 个。随着中国城镇化步伐的加快，乡村的版图日渐凋敝，大批农村青壮年劳动力走进城镇，融入了新的生活。然而，每逢传统佳节，那种挥之不去的离愁别绪挟裹着亿万农民工，又融入了返乡的滚滚洪流。这是乡愁的情愫牵动着他们，是故乡的山、故乡的水、故乡的老屋、故乡的小吃在牵动着他们，是故乡家家户户的楹联和口口相传的故事，以及只有在隆重的传统佳节才有的古老的民风习俗在牵动着他们。

文化可以体现一个民族、一个国家、一个社会的重量与体温，这是文化的力量之所在，而村落是传统中国的根脉所系，乡土社会是最能够体现中国传统文化特征的地方。梁漱溟曾指出：“中国文化是以乡村为本，以乡村为重，所以中国文化的根就是乡村。”我曾在《建设社会主义新农村的理论与实践》一书中指出，在新农村建设的过程中，必须“保护和发展有地方和民族特色的优秀传统文化，创新农村文化生活的载体和手段，满足农民群众多层次、多方面的精神文化需求”，而编纂村志尤其是实施中国名村志文化工程就是一个重要举措。实施中国名村志文化工程，编纂中国名村志丛书，以最基层的村落为研究对象，寻根传统村落的历史，梳理村落的发展脉络，以唤起人们的归属感和认同感，探索新型城镇化和社会主义新农村建设过程中，如何留住乡音、乡风、乡思，继承传统文化精华，挖掘丰富历史智慧，是贯彻落实中央城镇化工作会议精神和中共十九大提出的“乡村振兴战略”的重要举措，是当前和今后一个时期全国地方志工作者的重要工作。

虽然村落文化正在日益远离当下生活，但我们可以抓住诸如基本村情、文物胜迹、古村保护、特色文化、旅游名胜、村域经济、风土民情、村民生活、新农村建设、艺文杂记、名人与名村等关键内容，通过志书的手法来诠释乡村文化的精华。我们如实记录着村落里的人和事，以及青山绿水、小河大树、袅袅炊烟，力争以最完整、最原真的方式呈现村落的前世今生。我们要为“迷失”的人留住乡村文化的根脉，让人们难以割舍的乡愁得以慰藉和释放。

中国名村志文化工程将触角伸向那些极具代表性的村落，它们有的历史悠久、名人辈出，有的经济腾飞、重获新生，有的风景秀丽、景观独特，有的地处边陲、神秘莫测……我们挖掘中国不同类型村落的发展之路，为探索新型城镇化和社会主义新农村建设的发展经验、发展模式、前进道路提供历史智慧和现实借鉴。因此，打造以重在表现乡村嬗变为主旨的中国名村志丛书十分必要和迫切，这是一项功在当代、利在千秋的文化工程。

近年来，随着中国经济社会的发展和国际地位的提高，越来越多的人想要认识中国、了解中国、研究中国。在这样的形势下，乡村是不可或缺的一环，我们要集中讲好发生在乡村的故事，向世界呈现一个多元的、立体的中国。乡村历经岁月变迁的风雨，见证着改革开放的步伐，寄托着数代中国人的情感。发生在乡村的故事无疑是血肉丰满的、震撼人心的、引起共鸣的。我们应该有这个自信能够讲好乡村故事，讲好中国故事，描绘出中国的底色，“让每一个中国人都能在地方志中找到自己的位置”。

可喜的是，越来越多的有识之士认识到了这一点，加入到保护、传承、发展村落文化的队伍中来。仅就编纂中国名村志丛书来看，第一批的申报范围就涵盖包括香港特别行政区在内的32个地区，申报数量高达70余部。“直笔著信史，彰善引风气，为当代提供资政辅治之参考，为后世留下堪存堪鉴之记述”，这是我们的初心和使命。希望中国名村志文化工程的实施，能够带动更多的人关注中国乡村文化，为社会主义文化强国建设作出更大的贡献。也希望越来越多的名村都来融入继承中华文化传统、颂扬中华传统文化的活动中，让正能量更多地润泽温暖人们的心灵，让更多的人“记得住乡愁”！

是为序。

中国社会科学院原副院长
原中国地方志指导小组常务副组长　李培林

◉中国名村志丛书编纂委员会

◉中国名村志丛书编纂委员会办公室

◉ 湖南省桂阳县正和镇阳山村志编纂委员会

顾　问　朱　锐　龚茂才

主　任　何昌亮

副主任　刘旭文　欧阳邦辉　李跃华

委　员　王　凯　邓小强　李佑明　李保花　李政　何水胜

◉ 湖南省桂阳县正和镇阳山村志编辑部

主　　任　欧阳邦辉

副 主 任　王　凯　李保花　邓小付　何　敏

主　　编　李佑明

副 主 编　唐土成　刘桂军　何柏松

编　　辑　何秋生　邓国胜　唐亚忠

摄影设计　雷　云　邓生会　韩松鹏

◉中国名村志丛书凡例

一、以马克思列宁主义、毛泽东思想、邓小平理论、“三个代表”重要思想、科学发展观、习近平新时代中国特色社会主义思想为指导，坚持辩证唯物主义和历史唯物主义的立场、观点和方法，存真求实，全面、客观、系统记述中国名村村落发展变化进程和改革开放成果，反映小康社会建设过程，传承和抢救乡土历史文化，激发爱国爱乡情怀，留住乡愁，为服务乡村振兴战略提供历史智慧和现实借鉴。

二、为全面反映入志事物发展脉络，各志上限尽量追溯至事物发端，下限一般断至各志启动编修年份，个别重大事项可延至搁笔。详今明古，着重反映时代特色和地方特点，重点体现各村的“名”与“特”。

三、记述地域范围以下限年份的行政辖区为主。为体现名村在更大区域内的意义，可以从更开阔的区域视野记述与该村相关的内容。

四、统一采用纲目体，设类目、分目、条目三个层次。横排门类，纵述史实，述而不论。

五、综合运用述、记、志、传、图、表、录等体裁，以志体为主。体裁运用适当创新，篇目设置不求面面俱到。

六、除引用文字和附录文献资料外，统一使用规范的现代语体文记述，文字朴实、严谨、简洁、流畅、优美，可读性强。

七、人物部类遵循“生不立传”原则，人物传主按生年排序，只选录对本村发展有重大影响的人物，不面面俱到。

八、各项数据一般采用国家统计部门数据。数据缺乏的，采用主管部门或主办单位正式提供的数据。

九、数字用法、标点符号用法分别采用国家标准《出版物上数字用法》（GB/T 15835—2011）、《标点符号用法》（GB/T 15834—2011），计量单位采用国家技术监督局1993年12月发布的《量和单位》系列国家标准。历史上使用的计量单位，如斗、石、里、尺、磅、华氏度等，在引文时可照录。考虑到社会使用习惯，全书中亩不统一换算。

十、中华民国成立前的纪年，使用朝代年号纪年，括注公元年份；中华民国成立后的纪年，均使用公元纪年。志中所称“解放前（后）”，以该村解放日为界；“新中国成立前（后）”，以中华人民共和国成立日1949年10月1日为界；“改革开放前（后）”，以1978年12月中共十一届三中全会召开为界。本志“××年代”，凡未加世纪者，均指20世纪。

十一、为节省篇幅，避免重复，本志采用条目互见法。参见条目的表示形式为：参见本志“××类目·××分目·××条目”。

十二、对旧志、古籍中的繁体字、冷僻字一般用简化字或通用字替换，易引起误解的则保留。

十三、记述各个历史时期的党派、机构、职务、地名等，均以当时的名称为准。对频繁使用的名称，首次用全称并括注简称，其后用简称。

十四、各村志需要单独说明的事项，均在各自编后记中记述。

阳山村在中国的位置

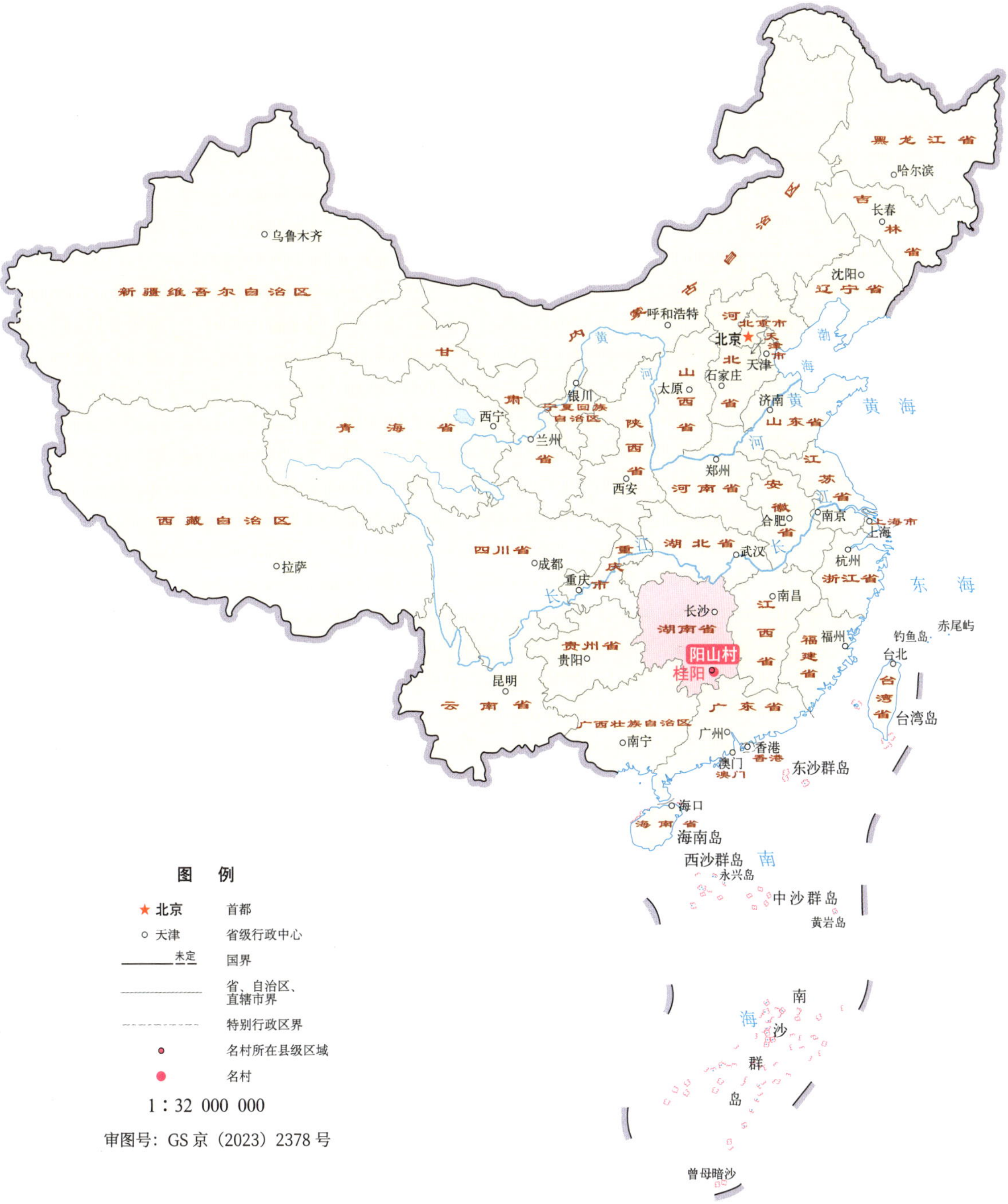

黑龙江省
哈尔滨
吉林省
长春
沈阳
辽宁省
内蒙古自治区
呼和浩特
乌鲁木齐
新疆维吾尔自治区
北京
北京市
天津市
天津
河北省
石家庄
太原
山西省
济南
山东省
渤海
黄海
甘肃省
银川
宁夏回族自治区
西宁
青海省
兰州
陕西省
西安
郑州
河南省
江苏省
安徽省
合肥
南京
上海市
上海
西藏自治区
拉萨
四川省
成都
重庆
重庆市
湖北省
武汉
杭州
浙江省
东海
长沙
湖南省
南昌
江西省
福州
福建省
钓鱼岛
赤尾屿
台北
台湾省
台湾岛
阳山村
桂阳
贵州省
贵阳
昆明
云南省
广东省
广西壮族自治区
南宁
广州
香港
澳门
东沙群岛
海口
海南省
海南岛
西沙群岛
永兴岛
中沙群岛
黄岩岛
南海
南沙群岛
曾母暗沙
黄河
长江
图例
北京 首都
天津 省级行政中心
未定 国界
省、自治区、直辖市界
特别行政区界
名村所在县级区域
名村
1：32 000 000
审图号：GS京（2023）2378号

阳山村在湖南省的位置

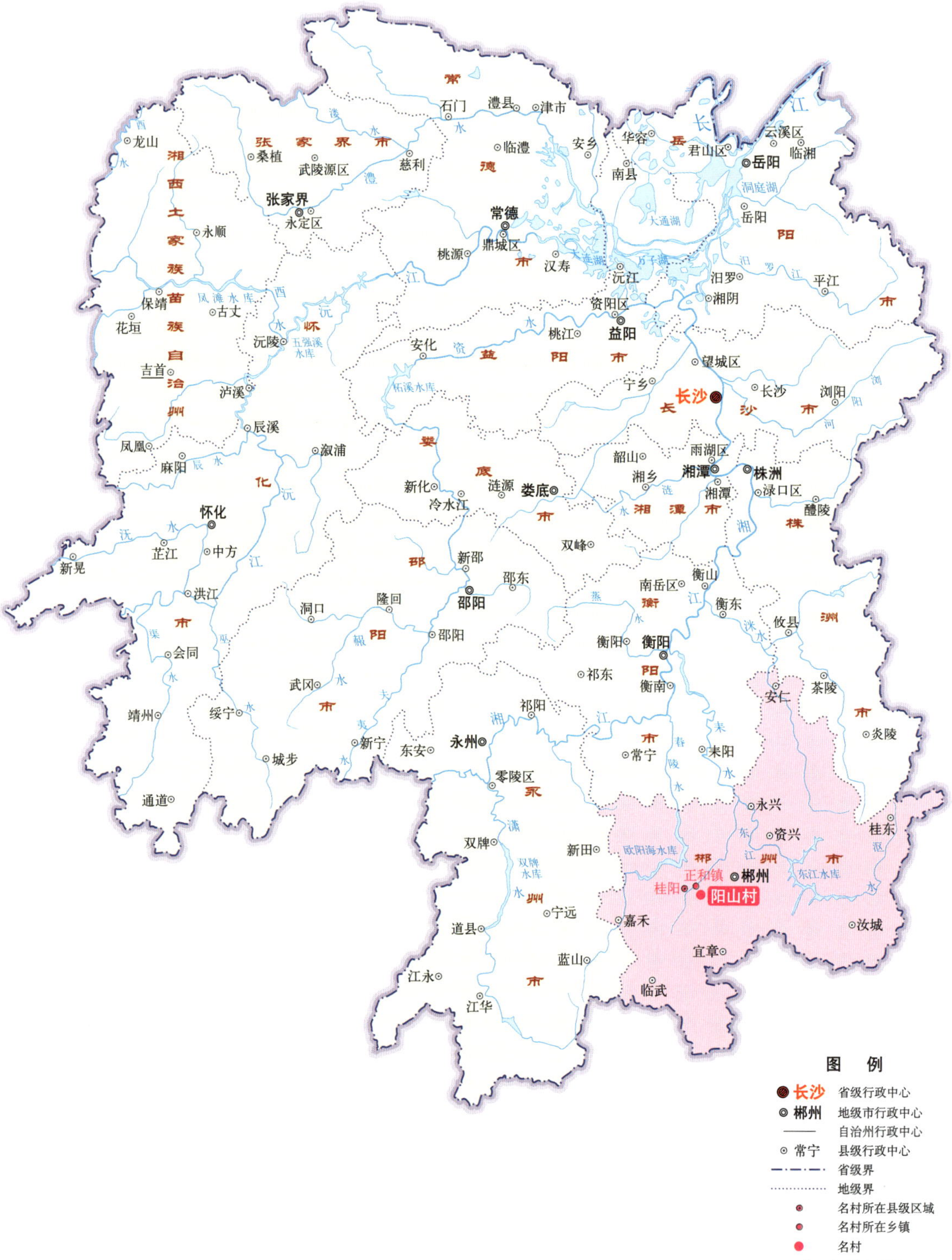

1：3 590 000

审图号：GS京（2023）2378号

阳山村平面示意图

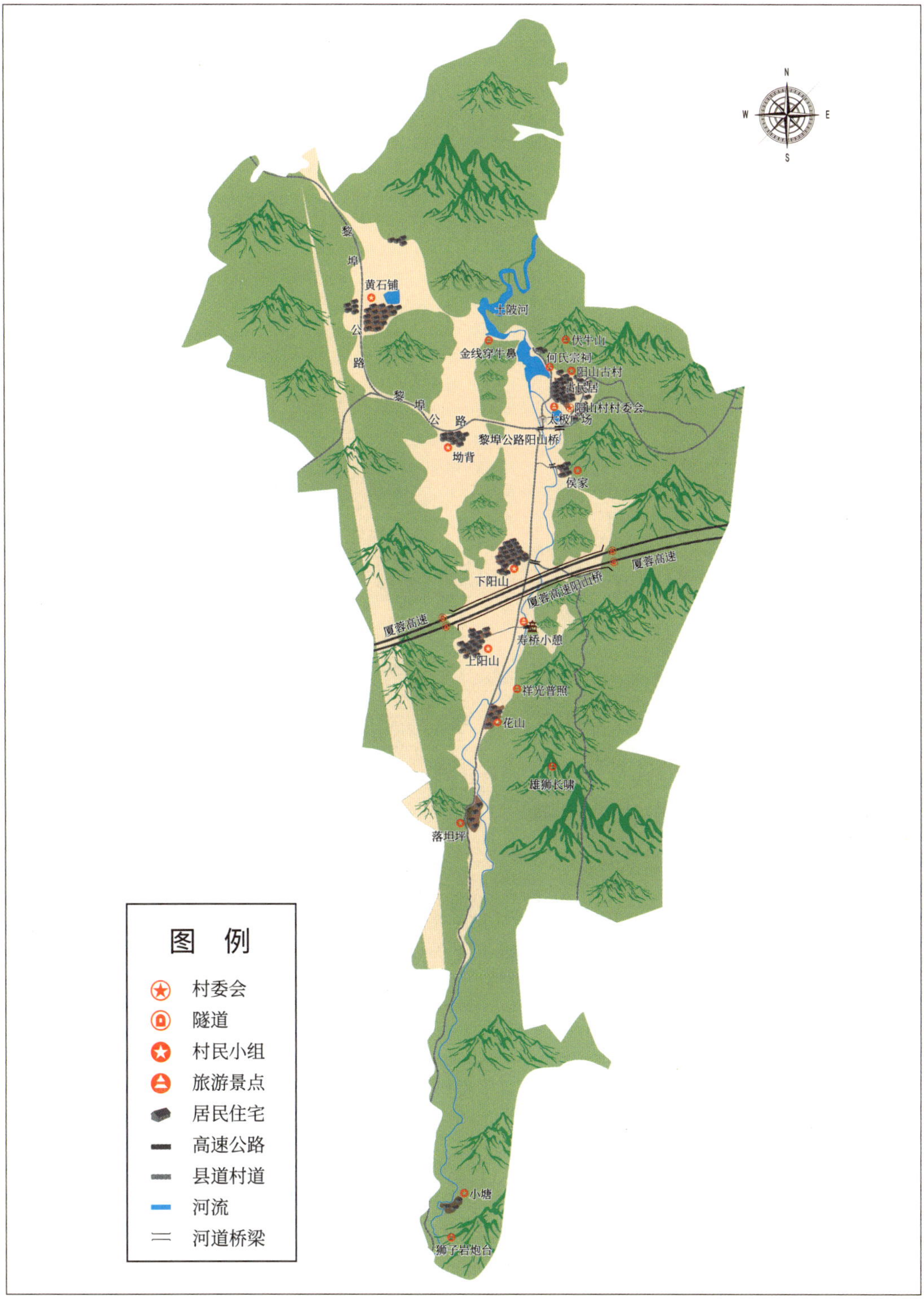
N
S
W
E
黎埠公路
黄石铺
上陂河
金线穿牛鼻
伏牛山
何氏宗祠
阳山古村
古民居
阳山村村委会
太极广场
黎埠公路
黎埠公路阳山桥
坳背
侯家
下阳山
厦蓉高速
厦蓉高速阳山桥
厦蓉高速
寿桥小憩
上阳山
祥光普照
花山
雄狮长啸
落坦坪
小塘
狮子岩炮台
图例
村委会
隧道
村民小组
旅游景点
居民住宅
高速公路
县道村道
河流
河道桥梁

阳山古村风光（2020 年）

古村炊烟袅袅（2020 年）

荷塘风光（2018 年）

龙颈渡石拱桥（2019 年）

屋檐诗画集锦（2018 年）

古民居马头墙簇立（2018 年）

目录

“福”字瓦当（2018 年）

“六会”治村　和谐阳山

山环水绕一古村，画栋雕梁美无伦。

驿道商马鸣铎响，锦鳞碧溪跃龙门。

青砖自古藏神秘，黄卷如今有奇文。

毓秀钟灵阳山地，英才世代歌雄浑。

阳山村位于湖南省郴州市桂阳县正和镇东南部，2020 年 12 月，全村有 14 个村民小组 1908 人。村域内四面环山，属骑田岭山脉阳山岭之余脉，阳山村名由此得来。村域全境，草青树绿，山岭葱郁，田畴如茵，森林覆盖率高达 78%。9 个自然村建村历史多在 300 ~ 600 年，积累了相当丰富的历史文化，尤其是原廖家湾何家的“六会”影响深远。

阳山村，2006 年，被列入“中国十大古村”名录；2013 年，被评为“湖南省历史文化名村”；2017 年，被列入“中国第四批传统古村落”；2020 年，被评为“国家森林乡村”。

阳山村的 9 个自然村，错落在土陂河两岸的峡谷之中，属温带季风气候，田土多由土陂河冲击而成，肥沃疏松。这里四围是山，山清水秀，空气清新，宁静幽美。村民主要有何、李、刘、邓、侯、罗几姓，多数在元朝、明朝期间以家族形式从外地迁徙而来，过着自给自足的小农生活，形成了相对完整的家族管理体制。1949 年，中华人民共和国成立后，进入社会主义社会；改革开放以来，政治、经济生活发生了巨大变革，阳山融入更加广阔的现代世界。

作为阳山村历史文化的典型——阳山古村，聚集了村域文化的精萃。自明永乐年间开基，至今约 600 年。崇文尚武，耕读传家之风绵延不息，人文蔚起，书香盈门。从这里走出进士 2 人，贡生 11 人，举人 5 人，翰林 1 人，将军 2 人，秀才 22 人。可谓群贤竞彩，众星闪耀。

这些先贤留下了功名，也留下了烙上各自印迹的居宅。60 多栋保存完好的明清建筑，五横八纵，布局严谨，排列规整，层次清晰，青砖黛瓦，马头高墙，独具性灵。从槽门到街巷，从发余到窗花，从天井到窗台，从绣楼到书房……无不焕发着乡贤的智慧和情趣。

为了保护阳山不可再生的文化资源，在县、镇两级政府的大力支持下，聘请专业公司为阳山村编制了详细规划，逐年实施，取得了一定的成果，保护的理念深入村民之心。

阳山人在处理人与自然、人与人之间关系时，从古至今始终秉持“和”融天下的原则，实现自然和谐、邻里和睦、生活和美。

阳山人在大是大非面前有操持，但在平常生活中则温和敦厚。他们秉承“宽容诚厚重，和气致祯祥”的家风，将“和”外化为宽容、诚信、厚道、和气等立身处世的态度和方法。

他们通过对山林水土的世代严格保护，表达了对自然的尊重；通过对老弱病残、妇女儿童的赡养优抚，表达了对弱小者的仁爱。阳山村村民自治非常完善的“六会”制度，成为独闻于世、影响深远的经典。

“六会”包括凝聚族人向心力的“宗源会”，立规定矩的“禁戒会”，鼓励、资助读书的“议学会”，关心爱护老人及弱势群体的“重九会”，保护女婴的“救婴会”，护卫妇女的“女儿会”。

“六会”均为村民自发组织、自筹资金、自我管理的自治团体，倾向于扶贫济困、公众事宜，涵盖了村民生活的各个方面。每一会都有完备的体制、富有操作性的条规，产生了良好的社会作用。

“在这种不分秦汉，代代如是的环境里，个人不但可以信任自己的经验，而且同样可以信任若祖若父的经验……愈是经过前代生活中证明有效的，也愈值得保守。”费孝通在《乡土中国》里的这段文字可以说是对阳山优秀传承经年不绝原因的一种深层解读。

2019 年，阳山村民结合新时代需要在古“六会”的基础上制定出了阳山村新“六会”——村规民约，该村规民约被评为“郴州市二十佳村规民约（居民公约）”，2021 年 12 月被湖南省文明办、湖南省民政局评为“湖南省第二批优秀村规民约（居民公约）”。古树新枝，“六会”的独特生命再一次得到延续。

阳山村依托本地资源开展红色旅游、自然风光游、农耕体验游、民俗体验游和乡村旅游的服务规划。乡村旅游的特点是少而精、短而特，如红色旅游、落天十八坑岩洞探险、传统文化体验等，非同寻常，而备受关注。

节日风俗是打开传统文化之门的一把钥匙，吃穿住行、婚丧嫁娶、方言俚语等方面的习俗从古至今一直被阳山村村民沿袭。

阳山村自古崇文尚武，耕读传家之风绵延不息。村中群贤竞彩，人文丰富。他们中有以何佃、何魁为代表的阳山大义忠勇之辈；有以何裕本、何煌等为代表的阳山奉献担当之人；有以何天禄、何其佐、何其高等为代表的阳山文儒学士；有以恩德婆婆、何亨盛、何裕学等为代表的阳山助人为乐典型；也有李木庵、谷子元等来自外地的老一辈革命者。

“及其幽赏既倦，暑退凉生，夕阳西下，孤月独明。乃命生徒或移席就池，或移花就席；或雄饮于露冷风残，或微吟以短篇歪句。饮食坐卧皆在其中，亦不知花之是馀馀之是花也。”这是何其佐《莲花轩记》中一段令人怦然心动的文字。它将阳山古村读书人儒雅、闲适的情怀作了经典的描绘。这些阳山文人，登高望月，游山玩水，吟诗作画，放浪形骸。“丈夫多浪迹，一任别衣留”（何天禄《百福寺》）、“浑如秋早芙蓉灼，俨若春妍红杏花”（何仁言《七曲朝霞》），他们以独特的视角和体验，写出了阳山历史文化中的生动章节。

正是因为群贤的影响、带动，形成了阳山人民深明大义、讲求团结的特性。第二次国内革命战争时期，国民党反动派为捕捉隐藏在阳山村的革命者，特意在村子里面放了一只告密桶，希望通过巨额赏金的引诱，阳山人能秘密地将告发信息投入桶中，以帮助他们抓获革命者。可几天过去了，桶里仍然空无一物，他们只好沮丧而退。这就是阳山村民的境界。

阳山山清水秀，人文兴盛。在这片土地上，数代先贤耕读传家、修齐治平的身影和大自然优美和谐、恬淡宜人的风光交相辉映。阳山独特、谦和、明朗、深沉、仁爱、厚重的美，与别处不一样！

打开这本书，让远古飘来的田野之风给你一个热情拥抱。

阳山古村廊庑（2018年）

基本村情

阳山村地处五岭余脉阳山之下，村民以何、李、刘、邓四姓为主，多为元末明初从江西迁徙而来。这里区位优势突出，土地肥沃，环境宜人，交通便利，基础设施良好。

◉ 村落建置

地理位置 阳山村地处郴州市城区西南部，桂阳县城东郊正和镇北部，湘江支流西河的支流土陂河中下游，位于北纬 25°41′56″，东经 112°49′19″。东西跨 3.85 千米，南北跨 3.5 千米，东与芦村大树下唐家垚相邻，南与北湖区月峰瑶族乡的十寺村、正和镇的正和村相邻，北与北湖区保和乡的木坝村相邻，西与正和镇的联合村相邻。

阳山村距郴州市区 25 千米，距桂阳县城 11 千米，距郴州北湖机场约 10 千米，又紧邻万华岩、四清湖、仰天湖、小埠生态城、宝山矿业景区。有黎埠公路、厦蓉高速穿村而过，同时距郴桂高等级公路也只有 8 千米，地理位置优越，交通便利。

地名由来 阳山村村域内四面环山，属骑田岭山脉阳山岭余脉，由此得村名阳山。旧时称阳山峒；1958 年人民公社成立，改为阳山大队；1984 年改为阳山村。

历史沿革 秦始皇二十五年（公元前 222）王翦灭楚国，随后伐百越，置三郡（南郡、黔中、长沙）。阳山为长沙郡辖地。西汉高祖五年（公元前 202）始置桂阳郡，阳山为桂阳郡辖地。东晋建武元年（317）始置平阳县（今桂阳县），阳山属平阳县。

隋文帝开皇九年（589），平阳郡、平阳县俱废，并入郴县，阳山属郴县。隋大业十三年（617），萧铣复置平阳县，隶属桂阳郡，阳山属平阳县。唐武德七年（624），平阳县并入郴县，次年复置，隶桂阳郡。唐至德二年（757），郴州桂阳郡改名郴州（天宝元年即 742 年已改原郴州为郴州桂阳郡），州治移平阳县城，元和十五年（820）州治还郴。唐天祐元年（904），阳山为桂阳监辖地。

五代后晋天福初年至宋天禧元年（936—1017），属桂阳监的桂阳县管辖。

元至元十四年（1277），桂阳州改为桂阳路，阳山属桂阳路。明洪武元年（1368），桂阳路改为桂阳府，阳山属桂阳府。康熙三十五年（1696），恢复都里制，新编五都五十里，阳山属笃信都辖区。雍正六年（1728），外地客民入州甚多，增编州末里。同治七年（1868），仍为五都五十一里。光绪二十二年（1896）撤销州末里，为五都五十里，阳山属笃信都义阳里。

1914 年，撤都设十二团，分属东镇团和镇中团，阳山归东镇团所管辖。1928 年，撤区并乡分属东镇乡和镇中乡，阳山属东镇乡。1930 年，并团为区，东镇乡设 12 个保，阳山属第二区第 1、2、3 保。1932 年，属第二区 53 乡第 1、2、3 保。1935 年，属桂阳

阳山全貌（2020 年）

县第二区 53 乡。1943 年，镇中乡改为蓉峰镇。

1950 年 7 月，废除保甲制度，建立乡村人民政权。桂阳县分为 7 个区 86 个乡镇，阳山为桂阳县第一区阳山乡辖区。1958 年，阳山隶属太和公社辖区。1961 年，设正和公社，阳山大队归正和公社管辖，阳山大队下辖料材湾、侯家、下阳山、上阳山、茅山塘、落坦坪、小塘 7 个自然村 11 个生产队。1961—1964 年，料材湾自然村与侯家自然村成立料材大队。1965 年，料材大队并入阳山大队。1984 年，正和公社改为正和乡，阳山大队改为阳山村，阳山村仍辖料材、侯家、下阳山、上阳山等 7 个自然村 11 个生产队。2012 年，在撤乡并镇中，正和乡与原城郊乡的极乐、全义、燕山、西水、火田、官溪、解放 7 个建制村合并成立正和镇，阳山村归正和镇管辖。2017 年，在撤乡并村中，阳山村与原黄石村的 6 个组合并，村名仍然称阳山村，下辖阳山古村、侯家、下阳山、上阳山、花山、落坦坪、小塘、坳背、黄石 9 个自然村。

自然村落

2020 年，全村分 9 个自然村，总面积 13.34 平方千米。其中，耕地 1.67 平方千米，果园 0.27 平方千米，林地 10.91 平方千米。

料材湾（阳山古村） 为阳山村村部所在地，位于阳山村最北端，东与正和镇芦村太树下为邻，南与侯家接壤，西与黄石、坳背相依，北与郴州市北湖区木坝村相邻。

1935 年，阳山古村村名为廖家湾何家，属东镇乡 53 区第 2 保。1950 年废除保甲制，建立阳山乡，属阳山乡 1 区。1953—1955 年，成立低级合作社。1956 年，与黄石、坳背、侯家成立红星高级合作社。1957 年，撤区并乡，属正和乡。1958 年，成立人民公社，属太和人民公社，廖家湾何家改为料材湾。1958—1964 年，改为料材大队，下辖 1、2、3、4、5（侯家）生产队。1965 年，合并到阳山大队。1965—1983 年，属正和公社阳山大队。1984 年，正和公社改为正和乡，阳山大队改为阳山村。1984—2011 年，属正和乡阳山村。2002 年，料材湾又称阳山古村。2012 年，撤乡并镇，正和乡改为正和镇；2012—2020 年，属正和镇阳山村。

阳山古村传统种植水稻、红薯和高粱等，农闲时期帮人做短工和运送粮食。1950—2000 年，都是以水稻、烤烟种植为主，副业主要是养鸡、鸭、猪[①]。2000 年后，部分村

① 其他村组农作物与家畜家禽大致相同，下略。

民进城经商，有的外出打工。2006 年 9 月 16 日，“湖南 · 郴州生态（民俗民居）旅游节”在阳山古村召开。2020 年，有经商户 25 家，铝合金加工业 6 家，建筑装修业 5 家，餐饮业 8 家，客房业 2 家，运输业 6 家，贸易投资业 3 家。

截至 2020 年年底，料材湾有 130 户 512 人，土地 3.3 平方千米。全村有 3 个姓，何姓为大姓，有 126 家，彭姓 2 家，胡姓 2 家。

侯家村 位于阳山村东南，西南与下阳山自然村隔河相望。1935 年，属东镇乡 53 区第 2 保。1950 年，废除保甲制，属阳山乡 1 区。1953—1955 年，与廖家湾何家成立低级合作社。1956 年，与廖家湾何家、坳背、黄石成立红星高级合作社。1957 年，撤区并乡，属正和乡。1958 年，成立人民公社，属太和公社料材大队第 5 生产队。1958—1964 年，属料材大队第 5 生产队。1965 年，属阳山大队。1967—1984 年，属正和公社阳山大队。1984—2011 年，属正和乡阳山大队。2012 年，撤乡并镇；2012—2020 年，属正和镇阳山村。

2020 年，有经商户 4 家，建筑业 2 家，运输业 3 家，餐饮业 2 家。

侯家自然村鸟瞰（2020 年）

下阳山自然村鸟瞰（2020 年）

截至 2020 年年底，共有 35 户 126 人，土地 0.67 平方千米。全自然村有 4 个姓，其中侯姓 23 家、李姓 4 家、彭姓 5 家、刘姓 3 家。

下阳山村　位于阳山村西南面，东北与侯家村接壤，西南与上阳山村相依。1935 年，属东镇乡 53 区第 3 保。1950 年，废除保甲制，属阳山乡 2 区。1953—1955 年，成立低级合作社。1956 年，与上阳山、茅山塘、落坦坪、小塘成立阳山高级合作社。1957 年，撤区并乡，属正和乡。1958 年，成立人民公社，属太和公社阳山大队。1961—1984 年，属正和公社阳山大队。1984—2011 年，属正和乡阳山村。2012 年，撤乡并镇，属正和镇；2012—2020 年，属正和镇阳山村。

下阳山村传统以农耕为主。农闲时帮人做短工和挑脚夫，有部分村民进行竹器手工业编织活动。这里和上阳山出产的蔬菜清甜脆嫩，比较有名。2020 年，有经商户 10 家，建筑业 10 家，餐饮业 1 家，运输业 3 家，农业种植大户 1 家。

截至 2020 年年底，共 88 户 320 人，土地 2.13 平方千米。有李、彭、罗、刘、卢 5 姓。其中，李姓为大姓共 80 家，彭姓 4 家，罗姓 2 家，刘姓 1 家，卢姓 1 家。

上阳山村　位于阳山村西南面。东北与下阳山村相邻，东南与花山村隔田洞相望。1935 年，属桂阳县东镇乡 53 区第 3 保，村名叫新屋场。1950 年，废除保甲制，属阳山乡，改村名为上阳山。1953—1955 年，成立低级合作社。1956 年，与下阳山、茅山塘、落坦坪、小塘成立阳山高级合作社。1957 年，撤区并乡，属正和乡。1958 年，成立人民公社，属太和公社阳山大队。1961—1983 年，属正和公社阳山大队。1984 年，改正

上阳山自然村鸟瞰（2020 年）

和公社为正和乡；1984—2011 年，属正和乡阳山村。2012 年，撤乡并镇，正和乡改为正和镇；2012—2020 年，属正和镇阳山村。

2020 年，有建筑业 4 家，铝材门窗加工业 2 家，运输业 4 家，餐饮业 1 家。

截至 2020 年年底，共 40 户 169 人，土地 0.79 平方千米。有李、彭、黄、吴 4 姓，李姓为大姓共 34 家，彭姓 3 家，黄姓 2 家，吴姓 1 家。

花山村 原名茅山塘村，位于阳山村南面，西北与上阳山村隔田洞相望，西南与落坦坪新村相邻。1935 年，属东镇乡 53 区第 3 保，村名茅山塘。1950 年，废除保甲制，

花山自然村鸟瞰（2020 年）

属阳山乡2区。1953—1955年，成立低级合作社。1956年，与下阳山、上阳山、落坦坪、小塘成立阳山高级社。1957年，撤区并乡，属正和乡。1958年，成立人民公社，属太和公社阳山大队。1961—1970年，属正和公社阳山大队。1970年，茅山塘改名为花山。1971—1983年，属正和公社阳山大队。1984年，改正和公社为正和乡；1984—2011年，属正和乡阳山村。2012年，撤乡并镇，正和乡改为正和镇；2012—2020年，属正和镇阳山村。

2020年，有经商户3家，铝材加工业2家，运输业1家，建筑业1家。

截至2020年年底，共28户85人，土地0.67平方千米。有黄、邓、刘、夏、李5姓，李姓11家，邓、刘、夏姓各5家，黄姓2家。

落坦坪村　位于阳山村南部，东北与花山村相邻，南与小塘村隔山相邻。1935年，属东镇乡53区第3保。1950年，废除保甲制，属阳山乡。1953—1955年，成立低级合作社。1956年，与下阳山、上阳山、茅山塘、小塘成立阳山高级合作社。1957年，撤区并乡，属正和乡。1958年，成立人民公社，属太和公社阳山大队。1961—1983年，属正和公社阳山大队。1984年，正和公社改为正和乡；1984—2011年，属正和乡阳山村。2012年，撤乡并镇；2012—2020年，属正和镇阳山村。

落坦坪地处群山环抱的落天十八坑山顶上，田地多在山脚，交通不便，路途崎岖，为摆脱贫困，便利村民发展，20世纪80—90年代，时任正和公社书记的王芳仁多次实地考察，与当地干部讨论落坦坪村的搬迁问题，经多方协商，决定将原阳山大队煤矿矿部划出来，给落坦坪村作为新村建设用地。几年之后，落坦坪村民陆续搬离了山顶的祖

落坦坪自然村搬迁地鸟瞰（2020年）

居地，在山脚下建立了落坦坪新村。还有的到桂阳县城和城郊牛巷口建房落户。至 2020 年，山顶上的落坦坪村已无人居住。

落坦坪出产的五爪椒肉质厚实，又香又辣，久负盛名。1996—2014 年，村民以到牛轭岭煤矿、新村煤矿打工为主。2020 年，有经商户 20 家，建筑业 2 家，餐饮业 2 家。

截至 2020 年年底，共 29 户 51 人，土地 0.95 平方千米。有刘、李、罗、廖 4 姓，刘姓 23 家，李姓 4 家，罗姓 1 家，廖姓 1 家。

小塘村 位于阳山村最南端。1935 年，属桂阳县东镇乡 53 区第 3 保。1950 年，废除保甲制，属阳山乡。1953—1955 年，成立低级合作社。1956 年，与下阳山、上阳山、茅山塘、落坦坪成立阳山高级社。1957 年，撤区并乡，属正和乡。1958 年，成立人民公社，属太和公社阳山大队。1961—1983 年，属正和公社阳山大队。1984 年，正和公社改为正和乡；1984—2011 年，属正和乡阳山村。2012 年，正和乡改为正和镇；2012—2020 年，属正和镇阳山村。

小塘村山多、楠竹多，副业以竹篾业为主。

截至 2020 年年底，共 11 户 37 人，土地 0.4 平方千米。有李、龚 2 姓，其中李姓

小塘自然村鸟瞰（2020 年）

10 家，龚姓 1 家。

坳背村 位于阳山村西部。东北与阳山古村隔山相邻，西北与黄石村隔山相邻。1935 年，属东镇乡 53 区第 1 保。1950 年，废除保甲制，属阳山乡。1953—1955 年，成立低级合作社。1956 年，与廖家湾何家、黄石、侯家成立红星高级合作社。1957 年，撤区并乡，属正和乡；同年与黄石成立黄石高级合作社。1958 年，成立人民公社，属太和公社黄石大队。1961—1983 年，属正和公社黄石大队。1984 年，正和公社改为正和乡；1984—2011 年，属正和乡黄石村。2012 年，撤乡并镇，正和乡改为正和镇；2012—2016 年，属正和镇黄石村。2017 年，建制村合并，阳山村与黄石村合并；2017—2020 年，属正和镇阳山村。

2020 年，有经商户 10 家，运输业 1 家，餐饮业 2 家，农业大户 10 家。

截至 2020 年年底，有 32 户 140 人，土地 0.85 平方千米。全村有刘、杨、彭、王、谢 5 姓，刘姓 16 家，杨姓 8 家，彭姓 6 家，王姓 1 家，谢姓 1 家。

黄石村 位于阳山村西北部。东南隔山与坳背村相邻，东隔山岭与阳山古村相接壤。1935 年，属东镇乡 53 区第 1 保。1950 年，废除保甲制，属阳山乡。1953—1955 年，

坳背自然村鸟瞰（2020 年）

成立低级合作社。1956 年，与廖家湾何家、侯家、坳背成立红星高级社。1957 年，撤区并乡，属正和乡；同年与坳背村成立黄石高级合作社。1958 年，成立人民公社，属太和公社黄石大队。1961—1983 年，属正和公社黄石大队。1984 年，正和公社改为正和乡；1984—2011 年，属正和乡黄石村。2012 年，撤乡并镇，正和乡改为正和镇；2012—2016 年，属正和镇黄石村。2017 年，阳山村与黄石村合并。2017—2020 年，属正和镇阳山村。

2020 年，有经商户 11 家，建筑业 4 家，餐饮业 3 家，运输业 7 家，水电站 1 家，农业大户 8 家。

截至 2020 年年底，有 110 户 468 人，土地 3.6 平方千米。全村有邓、杨、李、罗、彭 5 姓，邓为大姓共 89 家，李姓 9 家，杨姓 5 家，罗姓 4 家，彭姓 3 家。

黄石村貌（2020 年）

◉ 自然地理

桂阳素称“三湘之屏藩，两广之管钥”，是古代湘粤桂三省之间的交通要地。阳山村正位于湘粤之间的秦汉古驿道旁，北通衡湘，南达韶粤，历史上交通条件十分优越。村落依山傍水，水清山秀。伏牛山、王家山、天源山、牛轭岭等山脉森林资源丰富。土陂河曲贯而过，灌溉着两岸肥沃的田地。绝大多数村庄沿河谷分布，地势南高北低，土地肥沃，加上亚热带季风气候的调节，可谓风调雨顺，物阜民丰。在生产力水平相对不高的明清时期，此处确实为人们生活的理想家园。因距县城 10 千米左右，步行 2 个小时左右，又有古驿道相通，东西往来极为方便，桂阳县城不少大户人家在阳山附近买田置业。阳山村先祖也正是据此而来，并逐渐定居此地，形成今天的村落。

地质地貌　阳山村属岗地丘陵地形，以砂岩、石灰岩为主，土层厚而肥沃，适应性强，区内多水稻土、红壤两大类和淹育性土、育性水稻土、潴育性水稻土、潜育性水稻土、红黄壤、山地黄壤 5 个亚类，总面积 226 公顷。其中，水稻土 24 公顷，占总面积的 11%；旱地红黄壤 4 公顷，占总面积的 1.8%；山地土壤 198 公顷，占土壤总面积的 79.6%。阳山村的土壤以石灰岩红壤、砂岩红壤、薄灰腐岩黄厚层红石壤为主，大都适宜于农、林、牧业。阳山村种植的农作物品质好，口感佳，颇受欢迎。

境内山高林密，由于水量充沛，山林中四季常绿，植被分人工林和原始次森林。其中，林业用地 1091 公顷，非林业用地 238 公顷。针叶林 445 公顷，阔叶林 319 公顷，经济林 228 公顷，竹林 99 公顷。经县林业部门普查，有湖南省古树名木 26 种 17 科 23 属 200 多株。

气候水文

阳山四面环山，东有枫树坳岭、王家山、天源山，西有牛轭岭、银子坳、马岭坳、南亭坳，南有五雷击鼓岭、龙渡岭，北有伏牛山。境内河流属湘江支流西河的支流，名为土陂河，河道境内总长约 5 千米，河面宽 5 ~ 10 米，水深 0.3 ~ 0.6 米。境内流经小塘、落坦坪、花山、上阳山、下阳山、侯家、阳山古村、黄石，进入北湖区石山头。水量充沛，四季长流，是全村 150 公顷水田灌溉的主要水源。地下水源分布广泛，泉水水量充沛。

境内属亚热带湿润季风区，气候温和，四季分明，夏冬长，春秋短。春季天气多变，俗语说“春无三日晴”，时冷时暖，气温变化幅度大。早春多低温阴雨，偶伴有冰雹及晚霜、雪等灾害性天气，对农作物损害较大。夏季暑热期长，气温高，日照多，多雷阵雨，有时出现伏旱与夏涝。秋季天气晴暖，少雨。冬季湿冷、严寒期短，间有霜雪、冰冻。全年昼夜温差大，即使是高温时期，夜晚 11 点至次日早 6 点左右，气温也较凉爽。

气温 境内 1960—1990 年年均气温为 16℃左右，较县城低 2℃左右，较全县低 1℃左右。每年 7 月气温最高，月平均约 28℃，最热天达 36℃左右。冬季冷空气受阻于伏牛岭以北，加之四面环山，气候温和。1 月一般平均气温为 6℃左右，最冷天则为 −3℃左右。

1960—1990 年阳山村二十四节气气温分布规律一览表

表 1　　单位：℃

节气	平均	最高	最低	比差	节气	平均	最高	最低	比差
立春	7.5	15	3.5	11.5	立秋	26	29	25.5	4.5
雨水	8.6	14	2.5	11.5	处暑	25.2	28	22.6	5.4
惊蛰	12	17.5	6.5	11	白露	22	25	20	5
春分	14.5	18.9	8	10.9	秋分	20.4	22.1	18.3	3.8
清明	16.5	20	14	6	寒露	18.6	21.2	15.1	6.1
谷雨	19	22	17	5	霜降	16.5	19.7	14.5	5.2
立夏	21.3	24.1	17.5	6.6	立冬	13.5	16	9.5	6.5
小满	23	27	20.5	7.5	小雪	10.2	13.4	3.2	10.2
芒种	24.5	26.5	22	4.5	大雪	9.1	13	2.5	10.5
夏至	27	28.5	23	5.2	冬至	8.3	11.5	2	9.5
小暑	27.6	29.6	25.5	4.1	小寒	8	10.6	1.5	9.1
大暑	28	29.3	25.3	4	大寒	6.5	10.5	−0.3	10.8

日照 由于受季风和山区地势影响，阴、雨、雾天气较多，日照时间年均 1630 小时左右，境内太阳总辐射和温度的月季变化基本一致。

降雨 1989—2020 年，境内年平均降水量为 1568 毫米，属衡阳盆地少雨区与南岭山地多雨区之间的过渡地带。降水量月、季分布不均，春季占 36%，夏季占 33%，秋季占 17%，冬季占 14%。4 月份，暖湿空气进入村境上空，雨季开始，一般 4—8 月进入雨季，长约 140 天，平均降水量 650.5 毫米，占全年雨量的 48.5% 左右，最高年份达 70%。因降水集中，常有山洪暴发，河水猛涨，酿成水灾。据记载，清乾隆五十八年

春江水暖（2018 年）

（1793）和 1955 年天降暴雨，洪水泛滥，部分村中鱼虾都被冲进屋中，棺木也被冲走。由于降水量月、季分布不均，降水量少的年份，往往造成旱灾，一般秋旱较多。但是，阳山村田土多在河边上，不怕旱，就怕涝，越旱谷粒越壮实。

风信 境内冬季盛行东北季风，偏北风占 69%，夏季盛行西南风，偏南风占 65%，春季东北风转向西南季风，秋季则相反。风速较全县偏低。一般东北风从 10 月吹至次年 3 月，西南风从 6 月吹至 8 月，时常有平热风（火南风）出现，危害早、中稻。4—5 月，东北季风转西南季风。9 月，西南季风转东北季风，常出现寒露风危害晚稻。

湿度 境内全年平均湿度 80% 左右。相对湿度春季 85%、夏季 79%、秋季 75%、冬季 82%。春季、雷雨季节达 89% 左右，家中什物常发生霉变。最小是 8 月，只有 72%，故春湿秋燥。

霜雪 境内霜冻天气，历年平均为 16 天左右，初霜常出现在 11 月 30 日前后，终霜在次年 2 月 23 日左右。全年无霜期 200 天左右，最长一年 329 天，最短 215 天。

阳山村冬季气温较全县偏高，时有冰雪。1958—2016 年，有 53 年降雪，年平均降雪 6.5 天。初雪日平均在 12 月 26 日前后，终雪日平均在 2 月 21 日左右，积雪多年平均为 6 天，1975 年、2007 年积雪深度分别达 22 厘米和 15 厘米。2007 年 12 月至 2008 年 2 月，冰冻长达 60 余天，给生活和生产造成极大影响。

竹洞飞雪（2018 年）

土壤植被 境内土壤类型较多，主要有红壤、石灰岩红壤、板页岩红壤、水稻土、河潮土等。丘陵岗地以红壤、石灰岩、红壤及水稻土为主，土陂河沿岸有河潮土，构成土陂河沿岸的小型冲积带。

阳山村地处骑田岭北麓，土陂河穿村而过，境内山泉密布，雨量充沛，日照充足，自古丛林茂密，“菁密百里”，《舆地纪胜》载：桂阳军，有“长柟文梓霞桑美箭之材”，

“千里枫林烟雨深，无朝无暮有猿吟”，足见当时境内林木之繁茂。

清康熙年间，村内就设立了“禁戒会”，其中一条就是严禁砍伐景山林木，尤其是《一斗鸡心的故事》传出后，禁令更是家喻户晓，保护条例得到了彻底落实。为保护村居环境，各村多在自己的后龙山划定禁山，禁止砍柴伐木，给后代留下了不少茂密森林、参天古树。在漫长历史里，森林建设与管理的主体是家族或家庭。

1949 年新中国成立后，桂阳县人民政府更加重视植树造林，20 世纪 80 年代之后，森林建设与管理的主体呈现多元化。

20 世纪 50 年代初，山林主要还是村民的自留山，造林以私人为主。1956 年，实行农业合作化后，山林转为集体所有，造林多为集体为主。其后至 80 年代初，森林建设与管理主要以政府投入为主，县里在阳山村先后为森林建设投资万元以上。1977 年后，县人民政府要求各村组大力造林，加强管理，控制采伐。全村在料材、上阳山、花山、落坦坪营造百亩村级林场 4 处。1981—1983 年，完成林业“三定”（稳定山权林权、划定社员自留山、确定林业生产责任制），出现了村民和村集体造林高潮。截至 1986 年，全村有林地 490 公顷，立木蓄积 7300 立方米，森林覆盖率为 42.3%。1989 年后，阳山林业主要围绕消灭宜林荒山、实现全面绿化、发展高效林业、改善生态环境的总目标，坚持科技兴林、依法治林，进行营林绿化，资源保护，强化管理，确保林业生产持续稳

后山密林（2020 年）

定发展。根据桂阳县政府制定的“五年消灭宜林荒山，八年绿化桂阳”的奋斗目标，阳山村制定了相应的工作措施，包干落实规划设计、技术指导、苗木供应、统筹管理等环节，采取国家、各部门、村民多方筹资的方式保障经费，实行人工、飞播造林与封山育林有机结合，形成全民绿化热潮。1997 年，经省林业厅检查验收，实现“灭荒”达标和绿化达标。1998—2012 年，全村积极发展高效林业，推进产业基地建设。按照山岭的自然布局，因地制宜，发展楠竹杉木林，搞好乔灌木林封山育林，增加经济果木林和珍稀树种改善生态林，运用新科技提高林木成活率。截至 2012 年年底，共投入造林资金 543.29 万元，累计完成造林面积 452.74 公顷，封山育林 358 公顷，95.3% 的疏林地得到改造。林业用地绿化率达 95.8%，全村林地面积增长 11%，林木蓄积量上升 79.1%，森林覆盖率较之前提高 14.3 个百分点。

2013—2020 年，根据桂阳县政府提出的“森林桂阳”“生态桂阳”的目标，阳山村认真按照县林业工作部署，强化责任，狠抓落实，全力推进生态乡村和美丽乡村建设。截至 2020 年底，全村累计完成造林面积 167.8 公顷，封山育林 569 公顷，发展经济林 228 公顷，森林覆盖率达到 78.11%，比 1986 年增加了 36.81 个百分点。

近几十年来，阳山村在重视造林育林宣传的同时，对偷砍盗伐、毁林烧山行为进行重点打击。制定封山育林乡规民约，全面推行《桂阳县人民政府禁火令》。每村组还成立护林队，进行分片责任包干，护林队员每天巡山。平时村里利用广播系统和流动巡逻车，在重要季节和重要时段滚动播放森林保护条例、禁火令等，将护林意识与观念灌输到每个村民心中。

随着国家和村民对林木保护意识的增强，森林盗伐、烧山毁林现象大幅减少，村民造林积极性大大提高，2020 年，全村有千亩林场大户 1 户，百亩林场户 15 户。2020 年 1 月，阳山村被评为国家级森林乡村。

自然资源

阳山村地处丘陵，山地面积占比大，自然资源丰富。

矿产资源　阳山村的矿产资源主要有煤、石灰石、锰、铁、大理石等，其中煤炭储量达数千万千克，煤质好，无烟尘，煤层埋藏较深，瓦斯含量少。

土地资源　阳山村的土地类型，民国时期称“七山半水分半田，一分道路加庄园”。1949 年，新中国成立后，经过阳山人民几十年的开荒垦地，土地分类面积变化较大，据 1980—1984 年全县农业自然资源调查、区划界定和 1987—1989 年桂阳县国土部门对全

县的土地资源详查，均被认定为“七山半水两分田，半分道路加庄园”，耕地面积较民国时期增多。

20世纪90年代起，桂阳县国土局根据《中华人民共和国土地管理法》对境内的土地再次进行概查、勘定，落实与周边县、镇、村有争议地段和重复计算面积的权属后，土地面积总数有所减少。1992年开始，桂阳县政府“严格控制、充分利用”土地，截至2020年，全村共开垦耕地15公顷，开垦园地18公顷。按湖南省土地资源详细调查技术规程的规定调查，阳山村土地资源属一级类，全村土地总面积1334公顷。其中，耕地167公顷，果园27公顷，林地1091公顷，村庄交通用地35公顷，水域10公顷，裸岩砾石地4公顷。

水资源 阳山村属亚热带季风性气候，因受季风影响，雨水较多，1989—2020年，年平均降水量1568毫米，比桂阳县（1535毫米）多33毫米，比郴州市多116毫米，是全国同期多年平均降水量的2.2倍。全村多年平均降水总量约9000立方米，地下水储量丰富，属湘江水系。

丰富的水资源（2018年）

由于水资源丰富，加上村内山高坡陡，河流落差大，水能资源也丰富。开发水电站2处，装机容量350千瓦，人均约20瓦。年发电量100万千瓦时，人均约570千瓦时。

动植物资源 境内山岗坡缓，植被茂密，常年雨量充沛，多为人工林（面积约750公顷）和原始次森林（面积约340公顷）。

动物方面，哺乳动物有野猪、香獐、麂子、野兔、竹根鼠、刺猬、穿山甲；鸟类有猫头鹰、山鹰、天鹅、白鹭、野鸡、野鸭、鸳鸯、乌鸦、麻雀、杜鹃；此外还有蜂类、蛙类、蛇类、虫蚁类等几十种动物。

植物类有壳科、樟科、山茶科类木本植物，如杉树、松树、柏树、枫树、梂树、冬青树、合树、桐树、茶树、苦槠树、甜槠树、桂花树、乌柏树、酸枣树、野柿树等；还有蕨类、竹类、矮灌木和丛草、美人蕉、野生猕猴桃、野葡萄、野荔枝、青蒿、马齿苋、鱼腥草、金银花、木通、葛藤、菖蒲、元胡、乌药等上百种植物。其中，珍贵植物26种17科23属200多株。

村前白鹭飞（2018年）

◉ 人口姓氏

人口总量 1949 年之前，阳山村人口增量小，变化不大；之后，随建制的变动，人口变化较大，总量也在不断增多。1930 年，阳山村有 602 人。1941 年，登记人口 652 人。1948 年，登记人口 652 人。

1951 年，阳山村地域（包括廖家湾何家、侯家、下阳山、上阳山、茅山塘、落坦坪、小塘 7 个自然村）人口 773 人。1956 年，与黄石、坳背成立高级合作社，人口 985 人。1966 年 12 月 31 日，人口 798 人（1958 年黄石、坳背脱离阳山，重新设立黄石大队）。1971 年，人口 1009 人。1982 年 7 月 1 日，人口 1126 人。1997 年 7 月 1 日，人口 1255 人。2002 年 12 月 31 日，人口 1268 人。2017 年，乡村合并，阳山村与黄石村合并为阳山村，村域（包括阳山古村、侯家、下阳山、上阳山、花山、落坦坪新村、小塘、坳背、黄石 9 个自然村）人口 1725 人，与 1956 年相比，增加 740 人。

源流迁徙 民国时期，受天灾人祸和战争影响，村内人口增长缓慢。20 世纪 20—30 年代，有来自邵阳、衡阳的手工业者 3 人到村入赘落户。1940—1948 年，有 30 人被国民党军抽壮丁，另有数人因感染瘟疫而死，人口稍有减少。

新中国成立后，随着经济社会发展和人民生活水平的变化，村内人口生育经历了 1949—1973 年的高峰期、1974—2012 年的控制期。人口由高出生、低死亡、高自然增长向低出生、低死亡、低自然增长的方向转变。1990 年，初次出现人口负增长，到 2020 年，30 年中有 11 年人口负增长。

新中国成立后，除婚姻变动外，造成人口增加的主要原因有：1959 年桂阳县莲塘水库移民；20 世纪 60 年代初响应国家号召，原在郴州、桂阳、汝城等地工作的干职员工回乡；60 年代中期知识青年上乡下乡插队落户；1980 年以后，外迁周边乡镇定居的人员返迁；1995—2016 年牛轭岭煤矿、落坦坪新村煤矿外来务工人员的入住。外来务工人员多来自四川、湖北等省，或郴州、衡阳等市县乡村。

造成人员减少的主要原因有随军、支边等外迁；知青回城，下放返城，参军，到高校就读，外出到广东、上海、江浙一带等地务工；1990 年后，进城经商人员迁到县城定居等。1950—2020 年，大学毕业后在广东、上海、福建、海南和本省长沙、郴州、衡阳、桂东、汝城等地工作的有 205 人。

小巷幽幽（2018 年）

人口构成 截至 2020 年，全村总人口 1908 人，男性 1068 人，女性 840 人，未成年人 435 人，青壮年人 1138 人，60 岁以上老人 335 人，平均年龄 73.98 岁。1980 年以前，全村均为汉族。1980 年开始，逐渐有少数民族小伙和姑娘因婚嫁迁入阳山村。2020 年年底全村共有少数民族 8 人。其中，瑶族 7 人，壮族 1 人；男性 3 人，女性 5 人。

家庭婚姻

家庭　1930 年，阳山村家庭平均人口 4 人。1949 年 12 月，阳山村家庭平均人口 3.98 人。2020 年，阳山村家庭平均人口 3.9 人。户型规模变动少，家庭结构变动较大。

婚姻　村内婚姻有多种形式。1949 年以前，村民婚配主要是与村内不同姓氏联姻（封建社会时期同姓同宗家族不能通婚），次之为与邻村和附近乡镇联姻。随着城镇化和乡村工业发展、人口流动加速，婚姻圈由县内到县外而逐渐发展为由省内到省外。2000 年以后，随着人口流动性增加，外来媳妇（女婿）逐渐增多。婚姻圈进一步扩大。

1949 年以前，多为早婚早育，丈夫的年龄一般比妻子年龄大。本村域内女性结婚年龄最低 16 岁，男子结婚年龄平均比女子大 4 ～ 5 岁。

1950 年，《中华人民共和国婚姻法》颁布，次年桂阳县实施。村域内多数女子结婚推迟到 19 岁，丈夫和妻子的年龄差缩小。

四世同堂的一家人（2017 年）

1981 年，实施新修订的《中华人民共和国婚姻法》，男子不得早于 22 周岁，女子不得早于 20 周岁结婚。

1930—2019 年部分年份阳山村家庭结构变动情况表

表 2　　　　单位：户

家庭类型	1930	1964	1975	1981	1993	2008	2019
总数	152	208	255	243	309	312	459
核心家庭	17	105	120	83	166	174	335
主干家庭	80	63	105	135	128	120	112
联合家庭	10	8	5	4	3	3	0
残缺家庭	45	32	25	21	12	15	12

◉ 姓氏组成

1930 年，阳山村 150 户村民中有 8 个姓。户数最多是李姓，其余依次是何、刘、侯、罗、夏、邓、廖姓。1952 年土地改革时，阳山村有 8 个姓，户数较多的是李、何、刘、侯、罗、夏等姓。1956 年阳山村有 9 个姓，户数较多的是李、何、刘、侯、罗等姓。2020 年，全村有 15 个姓，户数较多的依次是李、何、邓、侯、刘、彭等姓。村内子女承继父姓，在特定条件下经协商，招赘女婿的家庭，子女可随母姓，以传承家姓。

阳山何氏 2020 年有 512 人，系豫章南州何氏后裔。

《何氏宗谱》记载，何家先祖何臣祖籍豫章（今江西一带），元大德元年（1297）参加科举考试，中了进士，随后被授官为郴州府判（府判相当于知府的秘书官，清康熙《桂阳州志》有载）。在做道州（今道县，隶属湖南省永州市）刺史时，妻子陈氏因病亡故，按地理先生所选日子要求，几年后才能下葬。于是，何家收拾停当后，将棺椁停在道州舂陵东门三公庙，一停三年多。后经友人介绍，何臣续弦娶了朱氏，朱氏为他生了个儿子叫何克敏。其后，何克敏娶妻生了儿子何自修，又续妾生了儿子何自策、何自蕴（何自策、何自蕴定居道州）。

何自修生于元至元三年（1337），从小聪明勤奋，博学多才，考取举人后，做了桂阳学录。清康熙《桂阳州志》卷五有专记："学录何自修，道州人，家于桂（在桂阳安了家）。"官任期满，见桂阳人杰地灵，颇有古人遗风，于是定居桂阳。何家先是在桂阳大凑山麓西门口（后称蓝衫巷）买房定居下来，又利用余钱逐渐在周边购置房屋、田产、山林，后代不断繁衍，家庭人口渐渐增多，田产规模也渐渐扩大，占据了桂阳城城西的大半条街。

阳山古村何氏祖先从桂阳城西门蓝衫巷到桂阳城南郊的廖家湾，缘于何氏祖先与廖家的师徒关系。康熙《桂阳州志》卷十二收录的进士马之鹏《何小艮先生寿叙》称："先生之祖属知于廖太史之门，今蒲之士子又奉教于先生之侧，百余年前隐隐然有天作之缘者，而人特未之知也。"意思是说，小艮先生（名何其高）的祖辈们曾在廖太史的门下学习，今天蒲圻后学之士又受教于何其高之侧，这机缘在一百多年前就形成了，只是没有人知道罢了。

阳山古村"青山四抱接田洞，坐北朝南向远峰；流水弯弯回绕处，一方美秀印心中"，对追求闲适隐忍的士大夫们来说，确实具有不小的吸引力。当时经济实力还算雄厚的何氏先祖，便想方设法，几经周折，或大或小、或零或整地从当地人手中不断地购买田地山林，并很快有了规模。于是派出到田庄看管山林田地的叔侄越来越多，设在廖家湾旁的田庄越来越大，他们代表主人处理雇人耕种、放租、收租等日常事务，逐渐形成了村落。

原生态古村（2018 年）

明朝永乐年间（1403—1424），何自修之长子何海开始在阳山洞廖姓村旁廖家湾管理家业。后经多代经营，人才辈出，家道兴旺，并形成良好家风。

康熙《桂阳州志》和同治《桂阳直隶州志》的人物传记中有何自修、何天禄、何佃、何魁、何煌等二十余人的传记和记载。其中，何天禄为何自修六世孙，字艮所，举人，著《艮所诗文集》四卷。生于明弘治十一年（1498），明嘉靖甲午科举人，补增城知县。因信奉“静学”，三年后，辞官归故里，创办“艮所书院”。在他的悉心教导下，书院培养了一批批饱学之士，有三人同中举人（其中包括他三儿子何佃，当时为“桂阳三俊杰”，后在抗击匪寇中不幸身亡），几年后又有二人同中进士。明万历年间，为表彰他为朝廷培养了大批人才，皇帝赐何天禄同进士出身。

何自修后裔，现居阳山古村及周边石岑下、柳塘、柳下、三将军等地。何氏家族，因遵循“耕读传家”的祖训，注重教育，广置田产山林，兴家立族，他的后世子孙历代文人武将辈出。旧时有举人、进士、大学士、翰林院孔目、贡生、庠生等，载入清代志书上的有何天禄（举人、例进士）、何佃（举人）、何其简、何其高（蒲沂训导）、何其健、何其芳、何其佐、何魁（举人）、何富莲（举人）、何煌（四品都司）、何裕本、何富维（例进士）、何世梁（举人）等。民国时期有何耀德、何昌南、何昌维、何昌彬、何昌仁（烈士）、何金金（烈士）。

阳山何氏家族对阳山村的发展有着深远的历史影响，几百年来，形成以“宗源会”“禁戒会”“议学会”“重九会”“救婴会”“女儿会”等“六会”治村的有效模式。阳山村诸会治村多出于此家族，为阳山村形成“宽容诚厚重，和气致祯祥”的良好风气，打下坚实基础。

1949 年，新中国成立后，阳山何氏积极投身新时代新生活，对改变阳山村自然环境和村民经济政治生活环境产生了积极影响。阳山何氏在 1949—2020 年间，各条战线涌现出优秀人才百余人，如何昌亮、何昌岸、何昌西、何昌玉、何军、何民、何善炎、何峰、何毓芳、何琼、何惠玲、何鹏惠，何伟、何芷毓、何昆霖等政界、文化界人物，以及经济能人何文惠、何文康、何敏等。

阳山李氏 全村 2020 年有李姓人口 600 余人，分居在阳山村的上阳山、下阳山、花山、落坦坪、小塘、侯家、黄石等 7 个自然村。

阳山李氏系唐邺侯李泌后裔其二十世孙李智雄，生有三子，长子李源善。明洪武年间（1368—1398），杨景平定湖南，李源善因战功补茶陵卫千户，奉调桂阳守御千户所。卸甲后，定居桂阳城南门口，成为桂阳南门李氏始祖。清顺治三年（1646），因郝摇旗屠桂阳州城之变，城内百姓大多外迁，南门李氏的一支脉迁居阳山。

阳山李氏谨遵“学诗，学礼，教孝，教忠，绳绳继继，罔替门风”的家训，谨记“修身齐家，忠厚传家；敦孝友，厚仁爱；尊师重教，敬老尊贤”的家风，倡导“士成于塾，工成于器，农成于野，商贾成于市”，鼓励子弟上学，奖励成绩优胜者，故涌现出众多优秀子弟。大革命时期有李宗科、李宗显、李金保、李渺渺、李跃春、李跃星、李宗秋等革命烈士，20 世纪 70—80 年代以来涌现出李文强、李峰、李鑫、李卫华、李海华、李宇琨、李爽岚、李立堃、李想、李建成、李嘉来、李文远、李飞武、李柳成、李建华、李军、李勇等优秀人才。

阳山刘氏 分布在落坦坪、坳背、侯家、下阳山、花山等地，2020 年在籍人口 300 余人。

阳山刘氏系宋朝景定三年（1262）进士、咸淳三年（1267）冬以朝议郎知桂阳（桂阳太守）刘登后裔。元灭宋后刘登不愿做元朝官员，遂隐居桂阳城北关，成为桂阳北关刘氏的开山鼻祖。明嘉靖二十八年（1550），刘大滚一支迁坳背。清康熙九年（1670），刘必久一支迁落坦坪。

阳山刘氏恪守“振家兴孝友，许国重文章”的家训，家族团结兴盛，人文蔚起。近现代先后涌现出各行各业优秀人才数十人，如刘远仁、刘邦金、刘邦友、刘建忠、刘黎阳、刘辉、刘斌、刘栋、刘邦跃、刘基亮等。

阳山邓氏 主要分布在阳山村的黄石和花山两个自然村，2020 年在籍人口 400 余人。

阳山邓氏皆为宋朝仁宗时期由九嶷零陵迁桂阳，卜居下溪官口冲岐山的邓少卿后裔。明朝嘉靖年间（1521—1566），邓仕宝迁黄石定居。

阳山邓氏坚守“戒忤逆，和兄弟，戒淫行，戒赌博，戒官讼，禁盗贼，崇俭朴，戒贪饮，戒咒骂，戒信佛，重斯文，严家长”的“十二家训”，崇文尚武。旧时有武举人 1 人，庠生 6 人，国学 6 人，登仕郎 10 人，蓝翎守府 1 人，县立甲种师范生 1 人。新中国成立后，先后有邓增贵、邓志文、邓增亮、邓聪、邓三毛、邓国成等优秀人士数十人。

◉ 经济社会发展

村域经济

1949 年以前，因距桂阳县城较近，又有下粤广的驿道，经济发展相对较早，但受历史条件所限，生产力水平较低，发展模式简单粗放，以自给自足农业经济为主体。

民国时期，境内始开办煤矿，但开采技术落后，时采时停，获利不多。手工业者多系个体经营。

1949 年新中国成立后，村域生产由恢复到发展，陆续兴办了电站、煤矿等企业，但基础不牢，效益不佳。1980 年后，随着中共十一届三中全会政策逐步推行，个体企业和联合企业崛起。专业养殖户、种植户、加工户、经营户大量涌现，村域经济连上新台阶。

2016 年，全村实现国民生产总值 8100 万元。其中，第一产业 1100 万元，占国民生产总值的 14%；第二产业 5200 万元，占国民生产总值的 64%；第三产业 1800 万元，占国民生产总值的 22%。全村居民人均可支配收入 1.95 万元，比 2010 年的 1.26 万元增长 35%。2020 年，全村居民人均可支配收入 2.78 万元，比 2016 年的 1.95 万元增长 43%。

农业 在农耕社会时代，阳山村的农业生产以水稻种植为主，家庭养殖为辅。因受土地所有制束缚、技术落后等因素的影响，生产发展缓慢。阳山村在清朝康乾盛世时期，租田较多，经济基础雄厚。民国时期，因天灾人祸的影响，到 1938 年，阳山古村各会收入折成租谷，只有十七石（一石约为 60 千克）八斗（一斗为 0.1 石），1939 年收租谷为十七石九斗，1940 年收租谷为十七石五斗。

中华人民共和国成立后，农业以水稻种植为主，辅以养殖猪、鸭、鸡，以及林木、竹业。1950—1981 年，由初高级社转化为人民公社，进行集体化生产。当时由于生产资料紧缺、农作物品种低劣，农业生产发展比较缓慢，只能解决温饱。1982 年实行土地联产承包责任制，各家各户都在优良品种引进和生产资料投入上下功夫，加上杂交品种的推广，粮食产量逐年翻番。到 1996 年，全村产粮 516 吨，人均产粮 430 千克；农、林、牧、副总收入达 200 万余元，比 1988 年增长 2 倍；人均收入 2000 元，比 1988 年增长 3.8 倍。2000 年，粮食产量达 567 吨，第一产业总收入 150 万元，占 GDP 的 5%。1980—2009 年，阳山村为提高村集体经济，开办了阳山村百亩橘园，每年为阳山村增加收入 70 万元。1983—1985 年，全村推广水稻杂交制种 33.3 公顷，每年增加收入 50 万元。1993—1995 年，全村推广稻田种桑养蚕技术。2012 年后，全村土地流转给有技术的农技人员进行烟稻连作，每年全村增加收入 150 万元。2013 年以后，通过土地流转租赁给其他公司从事种植、水产养殖和游乐服务，每年增加收入约 50 余万元。2020 年，阳山村充分发挥当地资源优势大力发展养殖业、烤烟、水稻、特色水果种植业和集乡村旅游、观光休闲为一体的休闲农业，每年可增加收入 600 万元左右。

村民为水稻除虫（2018 年）

戏雪归来（2018 年）

蜜蜂养殖（2020 年）

牧羊归来（2020 年）

养殖业 境内养殖业在 1950 年以前，是零散养殖。中共十三届三中全会后，村委会引导专业化养殖大户发展。阳山养羊场是境内最早规模化养殖场，于 1994 年开始养殖，累计投资 650 余万元，截至 2020 年，常年饲养本地山羊 400 余只，年出栏 180 余只，实现年产值 50 万元。

境内还有鸡鸭、甲鱼、龙虾、蜜蜂、牛等养殖专业户，实现年产值上百万元。产品远销市、县、省外各地。2016 年，全村养殖业总产值 350 万元。2020 年，全村养殖业总产值 500 万元。

1949—2019 年部分年份阳山村养殖生产情况表

表 3

年份	猪（头）	牛（头）	羊（只）	家禽（羽）	水产品（千克）
1949	60	30	—	300	50
1955	340	50	—	450	300
1965	380	120	—	300	500
1968	420	129	—	350	450
1970	476	138	—	350	500
1975	300	130	—	550	500
1980	420	135	—	610	500
1985	550	138	—	1650	500
1990	750	147	—	1550	500
1993	878	126	80	1800	550
2000	800	100	240	1600	450
2005	680	75	300	1650	500

放牧的水牛群（2018 年）

续表 3

年份	猪（头）	牛（头）	羊（只）	家禽（羽）	水产品（千克）
2010	480	35	210	1000	550
2019	20	20	200	1000	600

说明：表中猪、牛、羊数量为年末存栏量

林业 1958 年以前，境内山林多为原始森林，主要树种为杉树、松树、楠竹，森林覆盖率在 70%以上。1958 年，全民“大炼钢铁”，伐木毁林，林业生态严重失衡。20 世纪 70 年代大队办林场，从南面牛轭岭到九冲十八坂，连绵几公里遍植杉树，年销售杉木 1000 立方米，名冠全县。20 世纪 80 年代初，砍树卖树卖青山现象十分严重，荒山增多。

进入 21 世纪以来，全村紧紧围绕“森林桂阳”这个中心，加快生态、绿色发展，森林覆盖率不断提高，生态得到改善。2010 年以来，黄石自然村大力发展苗木产业，成为桂阳县重要的苗木基地，主要生产杉树、松树等造林树种和园林绿化大苗。

2014 年，境内完成荒山造林 135 公顷，重点打造阳山旅游通道及厦蓉高速公路沿线绿化建设。

为加强森林防火工作，2014 年村委会购置防火器械万余元，配备 2 台带喇叭流动宣传车，并通过“村村响”定期宣传森林防火政策。组建 10 余人的森林应急分队，配备半专业扑火队员 10 余人，在主要路口、村口安装森林防火宣传牌，森林防火工作得到加强。

2020 年，阳山村被评为国家级森林乡村。

绿色阳山（2020 年）

工业 1949 年以前，阳山村以农耕为主，工业发展滞后。新中国成立后，阳山大队依托水资源和有色金属资源发展工业生产。1968 年，阳山村在有底井兴办村级水电站 1 座，装 10 千瓦电机 1 台，供全村 200 余户村民照明。1982 年，黄石村在伏牛山西侧拦河蓄水，建装机容量 150 千瓦水电站 1 座，随着电力资源的整合，2017—2020 年每

黄石水电站机房（2020 年）

年发电 30 万千瓦时，经济收入为 10 万元。2004 年，小塘兴旺电站建成，每年发电 50 万千瓦时，经济收入 15 万元。1975 年，在料材湾十二伙枞山、曾家岭、黄石南亭坳等地开采锰矿，由于开采技术原因，只开采了半年就停产。1984 年，正和乡在阳山村牛轭岭开办煤矿 1 座，每年有矿工 20 人，年产煤 200 吨，经济收入 3.4 万元。1988 年，乡办煤矿停办。1995 年，村民邓仕众、李实华等人集资开办牛轭岭煤矿。1995—2004 年，每年产煤 8000 吨，经济收入 120 万元；2005—2011 年，每年产煤 60000 吨，经济收入 4200 万元。1996 年，部分村民集资开办落坦坪新村煤矿。1996—2004 年，每年产煤 5000 吨，经济收入 75 万元；2005—2011 年，每年产煤 30000 吨，经济收入 2100 万元。2012 年，牛轭岭煤矿和新村煤矿合并。2012—2016 年，每年产煤 60000 吨，经济收入 4000 万元。2017 年由于矿产资源枯竭，入不敷出，煤矿自行破产关闭。2009 年，阳山采石场开办，2010 年投产，2010—2020 年，年产量 30 万吨，经济收入 1200 万元。

家庭作坊　在明清、民国时期，由于村民生活需要，有土法酿酒小作坊，解放后，因粮食紧张而歇业。2005 年，村民何德富重起酿酒作坊，至今生意绵绵，酒香不断。1975 年，残疾村民何名华开办土鞭炮加工业小作坊，与村民小组集体置换工分。1981 年后，开设饮料加工小作坊，饮料销售到月峰、保和、华塘等地。20 世纪 90 年代后期，村民何名华在桂阳县城开办佛教用品加工业至今，每年有从业人员二三十人。2010 年后有何平、何敏、何鹏程、何凯、何柏根、何增多等先后在桂阳和郴州开设的门窗加工销售业；有李文远兄弟的建筑业，带领本村村民务工，每年可增加村民收入达 300 万元以上；有何文祥、李石桥、刘慧的维修服务业；刘邦跃、邓三毛、李功日、罗云中的经商业也红红火火起来。

商贸服务业　明代至晚清，境内驿道旁的村庄设有客栈酒肆和商业网点。除提供住宿餐饮服务外，还有大米、畜禽、茶叶、土纸、竹木制品、生活用器、布匹等交易。

中共十一届三中全会后，特别是市场经济取代计划经济后，村民的市场经济意识增强，市场活跃，供需两旺。境内村民纷纷走出村落到县城、市区开店设点，截至 2020 年，全村在外开设商业网点 160 个，从业人员 350 余人，社会商品零售总额上亿元。

何文惠、何文康兄弟创办了广州龙粤行汽车投资集团。集团始建于 2003 年，包含先后成立的广州车冠汽车有限公司、广州呈祥汽车运输有限公司、广州龙粤行汽车发展有限公司、广州龙粤行汽车进口贸易公司、广州龙御行汽车服务有限公司 5 家子公司。单广州龙粤行汽车发展有限公司占地总面积近万平方米，员工逾百人，年度销售额过亿

村民何文惠、何文康的企业（2019 年）

元，是广州市最大的平行进口汽车旗舰店，是广东省批准的首批海外直接采购汽车的知名企业。同时还成立了海外置业“万邦”广州公司，进行海外移民、入学、投资等业务。何氏兄弟是阳山新生代进军第三产业的卓越代表。

旅游业　村域地处市郊，自古山清水秀，一直是城里人郊游观光的首选之地。境内有中国十大古村之一的旅游景点阳山古村，和红军长征纪念亭、伏牛山、落天十八坑、狮子岩炮台等景点。

2006 年 9 月 16 日，湖南郴州生态（民俗民居）旅游节在阳山古村举办，经过十余年的探索和开发，依托民俗、休闲旅游，每年接待参观游客约 15 万 ~ 20 万人，每年给阳山及周边带来经济收入 500 余万元。

2013 年后，村域融入郴州“林中之城，休闲之都”城市定位之中，投资建设集休闲、度假、餐饮、旅游及观光农业于一体的阳山生态农庄等。截至 2020 年，全村旅游业收入年均达到 80 万元。

1935—2016 年部分年份阳山村农工业产值情况表

表 4

年份	农业总产值（万元）	工业总产值（万元）	其他（万元）	合计总产值（万元）
1935	1.83	—	0.02	1.85
1953	3.42	—	0.03	3.45
1965	9.47	—	0.09	9.56
1975	14.28	—	0.42	14.7

续表 4

年份	农业总产值（万元）	工业总产值（万元）	其他（万元）	合计总产值（万元）
1980	20.8	—	0.92	21.79
1991	73.03	—	1.24	73.95
2010	850	6420	1000	8270
2016	1100	5200	1800	8100

社会发展

村级管理　阳山历史悠久，形成了较为完善的村落管理文化，对公众事务的管理，各村族都有一套自己独特的方法。尤其是阳山古村何氏族人的“六会”治村制度，能够坚持几百年，不断推行，不断完善，给后世的村级管理留下了宝贵的财富。

中华人民共和国成立后，人民当家作主成了现实，民主管理逐步完善。1988 年以前，村组干部由上级党委政府考察任命。《中华人民共和国村民委员会组织法》颁布实施后，农村基层组织在中国共产党的领导下，实行村民自治，民主管理，群众监督，维护村民的合法权益，促进社会主义新农村建设。

民主选举　阳山村自 1988 年以来，每 3 年实行一次村“两委”班子民主选举，至 2019 年底，共经历 10 届。1989—1991 年，着力抓好村干部队伍建设，为提高村干部素质，村里推选优秀村民去县委党校参加培训。1992 年 11—12 月，遵循《中华人民共和国村民委员会组织法》规定，阳山村进行村级换届选举，按照“直接选举”、“差额选举”和“无记名”投票方法，选举产生新的村级领导班子，健全村委会的各项制度，促进村

村干部与村民共同参与议事（2018 年）

民自治活动的开展。

2017年年初，阳山村支部委员会换届工作被作为桂阳县换届选举工作示范点，各个环节依序进行。正和镇驻村领导彭文中主持召开了阳山村换届选举会议，宣传、布置阳山村换届选举相应工作。首先，推选村民代表，确定每10户村民推选1位村民代表。其次，要求在4月15日前，进行村党支委换届，6月15日，完成村委换届。

3月5日，阳山村委会在村委会组织活动中心召开了阳山村“两委”换届动员大会，全村41人参会。推选出村民代表45人，确定阳山村配备5名干部。5月3日，确定李进军为总监票人，邓深义为唱票人，刘海塘为记票人。5月12日，阳山村举行第十届村委委员提名会议，村主任提名1人，委员提名3人。5月29日，通过村民选举，选出阳山村5位村委会成员。

整个选举程序规范，过程透明，群众信服。

村民自治 阳山村为搞好村民自治工作，确定了村“两委”班子引导，热心村民参与，党员、干部带头，村民自己当家做主的村级管理模式。在广泛征求村民意见的基础上，制定了阳山村级发展规划，推动村级各项工作的开展。

为加强村民自治，发展村级经济，1998年，由村民提议，村“两委”结合本村实际，制定《阳山村村规民约》；2006年，为保护阳山村的文物古迹，村民代表大会通过《阳山村省市级文物保护村规民约》；2015年3月，通过《阳山村村规民约》；2017年，通过《桂阳县正和镇阳山村传统村落保护发展规划》及《阳山村传统村落保护村规民约》等8项村规民约；2019年6月，为了充分体现依法治村、村民自治原则，结合阳山古村“六会”治村内容，制定《阳山村村规民约——现代新“六会”》，此村规民约2020

阳山村党日主题活动（2020年）

阳山村党建活动（2020年）

阳山料材湾“议学会”重启大会（2020 年）

年被郴州市评为二十佳村规民约（居民公约）。

群众监督　1998 年，按省、市政府要求，实行村务公开制。阳山村“两委”把村干部分工、村经济收支、村计划生育工作和村企业管理等情况设专栏墙报，详细公布于众，接受群众监督。2012 年，阳山村成立由村民代表参与的民主理财和民主监督小组，重点对村级财务、重大事项进行监督。村级财务由理财小组定期清理审核，做到账物相符、日清月结、上墙公布，村级各项收支票据须经村民理财小组审核签字，方能入账，否则，由当事人自行负责。全村低保户、建档立卡贫困户评议，需按国家标准，经召开党员大会、村民大会进行评议，坚持公开、公平、公正、合理。凡不合理的关系户，由村民代表大会讨论通过责令清退，并上报上级主管部门，追究当事人责任。村中重大建设项目由村“两委”提请村民代表大会讨论决定，经表决同意后，方可实施。

2018 年 11 月 24 日，阳山村村道加宽动员会在村委会办公室召开，全体村干部和各村组组长及村民代表共 28 人参加，会上村支书、村主任就村道加宽事项与参会人员进行通报，通过大家表决，一致同意村道加宽，并签订了承诺书。2019 年 12 月 6 日，村道加宽会议到村委会办公室举行，参会人员有村委会全体成员、各组干部、村民代表、施工单位共 31 人。会上决定村道在原来的基础上加宽 1 米，共计 3.2 千米，政府政策支持 63 万元，欠缺部分由施工方阳山采石场自行负责解决。整个决策过程透明度高，知

阳山村“议学会”助学捐赠现场（2020 年）

晓率高，得到村民大力支持。

自群众监督实施后，村民的合法权益得到维护，密切了干群关系，推动了村组各项事业的和谐发展。

群众监督不只是在阳山村的事务上，村小组的事务也经常性地开展群众监督。2018 年 5 月 9 日，上阳山组账目清查会议在村委会办公室举行，参会人员有正和镇纪委书记、镇驻村干部、村委会成员、村务公开监督小组成员（李玉、李祖民、彭善德）、上阳山组干部、村民代表。会上，上阳山组干部现场解说了上阳山组的账目情况，村务公开监督小组成员对部分账目提出的问题，组干部当场一一进行了解释。最后，镇纪委书记提出了意见，要求村、组的集体收支账目必须及时张榜公布和解答，接受全体村民监督。

依规治村　为实现治理的长效性，阳山村在长期的管理过程中，形成了被广大村民认同的、能较好规范村民道德行为的村规民约，同时也为今天的管理留下了宝贵的文化遗产。

2019 年度一季度阳山村财务公示表

表 5　　单位：元

科目名称	期初		本期		期末		累计	
	借方	贷方	借方	贷方	借方	贷方	借方	贷方
现金	10352.80	—	—	—	10352.80	—	—	—
银行存款	676074.17	—	156379.00	371459.55	460993.62	—	156379.00	371459.55

续表 5

科目名称	期初		本期		期末		累计	
	借方	贷方	借方	贷方	借方	贷方	借方	贷方
桂阳农商银行北关支行	676074.17	—	156379.00	371459.55	460993.62	—	156379.00	371459.55
内部往来	—	169560.55	135489.55	—	—	34071.00	135489.55	—
所属单位	—	169560.55	135489.55	—	—	34071.00	135489.55	—
固定资产	435510.00	—	—	—	435510.00	—	—	—
房屋及建筑物	298000.00	—	—	—	298000.00	—	—	—
办公设备	35510.00	—	—	—	35510.00	—	—	—
公共基础设施	86000.00	—	—	—	86000.00	—	—	—
图书档案	14000.00	—	—	—	14000.00	—	—	—
其他固定资产	2000.00	—	—	—	2000.00	—	—	—
公积公益金	—	144925.00	—	—	—	144925.00	—	—
本年收益	—	—	—	40000.00	—	40000.00	—	40000.00
项目收益	—	—	—	40000.00	—	40000.00	—	40000.00
服务群众专项收益	—	—	—	20000.00	—	20000.00	—	20000.00
美丽乡村建设专项收益	—	—	—	20000.00	—	20000.00	—	20000.00
收益分配	—	807451.42	40000.00	—	—	767451.42	40000.00	—
未分配收益	—	807451.42	40000.00	—	—	767451.42	40000.00	—
补助收入	—	—	—	325579.00	—	325579.00	—	325579.00
非专项补助收入	—	—	—	9000.00	—	9000.00	—	9000.00
县市区级安排非专项补助收入	—	—	—	9000.00	—	9000.00	—	9000.00
专项补助收入	—	—	—	316579.00	—	316579.00	—	316579.00
扶贫专项收入	—	—	—	—	—	—	—	—

续表 5

科目名称	期初		本期		期末		累计	
	借方	贷方	借方	贷方	借方	贷方	借方	贷方
社会保障专项收入	—	—	—	3753.00	—	3753.00	—	3753.00
移民专项收入	—	—	—	132000.00	—	132000.00	—	132000.00
征占土地补偿收入	—	—	—	139356.00	—	139356.00	—	139356.00
土地补偿收入	—	—	—	139356.00	—	139356.00	—	139356.00
美丽乡村建设专项收入	—	—	—	4270.00	—	4270.00	—	4270.00
其他专项补助收入	—	—	—	37200.00	—	37200.00	—	37200.00
管理费用	—	—	62891.00	—	62891.00	—	62891.00	—

教育

办学 明嘉靖十六年（1537），廖家湾何天禄辞官归故里建“艮所书院”，培养了廖希元、何佃、陈尚尹等在当地有影响力的人物。清朝末年废科举、兴学堂，阳山有学堂3所。民国初年学堂改称学校，全村有学校3所。1949—1975年，阳山村有廖家湾小学、下阳山小学、落坦坪小学、小塘小学。1975年全村合并办学，在上阳山中烟岭设立阳山村小学。1991年，料材湾自筹资金出工出力兴建阳山小学料材分校，开设1～5年级和幼儿园；1996年后，县教育局整合农村小学办学后，阳山小学料材分校合并到阳山小学。

明清时期，何天禄举办的“艮所书院”，每年有学生30人左右，以识字、写字、读经书教育为主。教材为《三字经》《百家姓》《弟子规》《千字文》《古文观止》《增广贤文》《幼学琼林》《二十四孝》《四书》《五经》《唐宋诗词》等。教学方法由先生点读一段，弟子熟读后，向先生背诵，再点读一段，学习力强的一年读书多本。旧时先生对弟子管教甚严，备有大小不一的戒尺二把，小的作响板用于指挥，大的用于体罚弟子。弟子不能按时背书习字者，常遭戒尺打手心、打屁股，或罚站、拧耳朵；重的则要面对孔夫子牌位罚跪。

学俸一般每生每年交谷一石，每年端午、七月和春节放假。“议学会”成立后，交不起学俸的弟子由“议学会”支助。1938 年到 1940 年的会记中载，每年会里补学校津贴谷 8 石整。

阳山小学 20 世纪 30 年代起，开始了普教与业教并举的国民教育（史称义务教育），为使学校教育正规化，县政府成立劝学所，明令禁止私塾教育，“艮所书院”改为小学。新中国成立后，教育方法改变，废除了封建思想的内容。

1957 年，时值农业合作化高潮，为减少妇女出集体工的后顾之忧，村中成立托儿所，2 ～ 4 岁的孩童由村中能识字的年老妇女集中看管，直至 20 世纪 70 年代初，教孩童识字、唱儿歌、做游戏，培养孩子们的良好生活习惯。

阳山村由于地理条件的因素，全村 9 个自然村分布在方圆 4 千米长的山岭小盆地，其中小塘、落坦坪位于偏远的山岭中，给孩子们的读书带来困难。1975 年以前，有小塘、落坦坪、下阳山、廖家湾 4 所小学，有的小学 1 ～ 6 年级学生总共不到 10 人。1975 年为整合师资力量，阳山村在上阳山中烟岭兴建村小学，把全村 1 ～ 6 年级学生全部集中教学。1991 年料材湾自然村自筹资金 8 万元，兴建阳山小学料材分校。1996 年，中烟岭村小学已成危房，时任桂阳县教育局局长、局党委书记的何昌亮，非常关心家乡教育，多次回乡组织发动村组干部群众投资投劳，在下阳山新建一栋占地面积 200 平米的三层村小学，把阳山村的所有学生都集中起来教学。由此，引发他对桂阳教育现状的深入调研，并向县委、县政府提出实施“教育走廊工程”“教育广厦工程”“教育质量工程”“教育形象工程”等发展桂阳教育的设想，得到了县委、县政府的肯定，并很快付

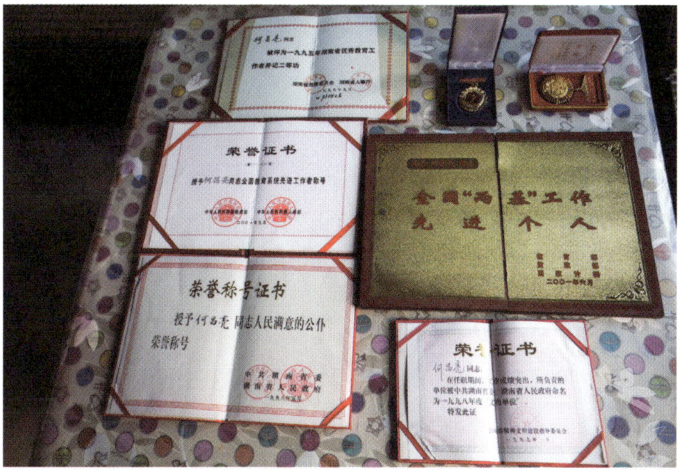

何昌亮所获奖章证书（2019 年）

诸实施，从而大大提升了整个桂阳县的教育形象。因清正廉洁，工作突出，何昌亮先后获得“湖南省优秀教育工作者”“湖南省人民满意的公仆”“全国教育系统先进工作者”等荣誉称号，当选为中共郴州市第一次代表大会代表、湖南省第九届人大代表，先进事迹被《中国教育报》、《湖南日报》、湖南卫视等媒体广泛报道。

2008年由于全乡学生生源减少，为了整合教育资源，阳山村所有学生都到正和乡中心校读书。

1979—2020年，阳山村考入高等院校210人，其中大专和本科生164人，获硕士学位8人，获博士学位5人，到英国、美国留学3人。

扫盲 民国时期，尽管当时政府对民众扫盲教育采取了不少措施，但贯彻不力，加上贫苦民众为生活所迫，无暇顾及读书识字，成年人入学者不多，收效甚微，很多的成年贫困者都不识字。为提高全民文化素质，桂阳县政府于1950年成立扫盲业余教育办公室，组织农民业务教育专干重点开办冬学，小学教师辅导冬学，当时全村80%以上的成年男女都参加学习。专干和教师们以小组教学、包教包学等形式，通过见物识字、以地为纸、以棍当笔、建立生字卡等扫盲教学方法，使全村人的文化素质有了质的提升，几乎人人都能看书、看报、记工造册。到1998年，全村通过了市、县教育机构对脱盲教育的验收。

有线学校 中华人民共和国成立之后，村民文化生活有了新的形式，发生了新的变化，由原来的以戏台为主逐渐向声像远程演进。1958年，开通有线广播。1966年，有线广播通到村中各生产队，定时向村民播放歌曲新闻或说书故事等。其间，人民公社电影队经常下村队放映，只要有电影，村民不管晴雨和路途远近都摸黑前往，有甚者跟着电影队，一场场赶去看。1987年，黑白电视机开始进入村民家庭。2006年后，村里开通有线网络，有线电视替代广播。2012年，电信、移动基站设立。2015年，中国电信、中国移动宽带接入。村委会组织农村远程教育，分时分批对村民进行农村科学技术培训，使村民掌握了不少技术技能，让村民的文化生活丰富多彩起来。

农家书屋 阳山村历来注重文化学习。1949年以前，境内有书院、私塾、学堂供人们读书识字。新中国成立后，全民扫盲，读书学习掀起热潮。1994年，在料材湾自然村创办第一个开放式农家书屋，共有各类图书上百册。2012年6月，为增强村民的科技文化水平，村委会筹建了阳山村农家书屋，共有各类藏书3200余册，实行专人管理，发放借书证，方便村民借阅。截至2020年，农家书屋共有各类书籍上万册，类别有农业、

农家书屋一角（2021 年）

工业、第三产业以及文学、教育、法学、自然科学等丛书。

文化

中华人民共和国成立前，各自然村都有文化活动，一般是在晒谷场和宗祠举行。以唱戏、说书、唱小调、打渔鼓、舞龙灯、耍狮等文化形式为主。唱戏是演唱传统古装戏湖南昆曲，如《十五贯》《九龙杯》《思凡下山》《访鼠测字》等。每每有班子来唱戏时，村民们争先观看，气氛热烈，万人空巷。在浓郁的戏曲氛围影响下，阳山村走出了市级湘剧传承人刘邦友。他凭着出色的表演能力于 1961 年进入桂阳湘剧团，后来导演并参演了《一天太守》《赵子龙智取桂阳》等戏曲，多次获得国家级、省市级奖励。

阳山村的文化活动（2020 年）

阳山古村太极广场上的舞龙表演（2020 年）

乡村广场舞活动 阳山古村的太极广场，宽阔畅亮，是桂阳最大的乡村广场。为活跃乡村妇女的文化生活，太极广场每年都举行乡村广场舞学习培训活动和乡村广场舞大赛。

文化交流 为繁荣村民文化，提升阳山文化的影响力，阳山经常性举行多种交流活动。2012 年，阳山村被列为郴州市学校亲子教育互动基地。2016 年，桂阳县乡贤文化讲堂暨好人表彰活动在阳山举行，并把阳山村定为桂阳县乡贤文化教育基地。2018 年 8 月，湖南电视台国际频道主持人李兵主持的《古村学堂 · 跟着兵哥走乡学》在阳山录制节目。2019 年 4 月 21 日，在桂阳县文联、桂阳县诗文协会的组织策划下，省市县诗人、作家 20 余人在阳山村开展文艺采风活动，并在阳山村举行了诗文创作座谈会。作家们参观了阳山村的古村落，实地感受阳山村深厚的历史文化内涵，激发了诗人、作家的创作灵感，大家都纷纷为阳山写下诗文。2019 年 7 月 19—21 日，在桂阳举办“中国三月三诗会”。其间，

湖南电视台国际频道《古村学堂 · 跟着兵哥走乡学》阳山古村拍摄现场（2018 年）

诗人舒婷、欧阳江河、陈东东、庞培、宋琳、郑小琼、陈仲义、肖水、雷武铃、谭克修等云集阳山古村，参观古村落，并与村民进行面对面的联欢活动。诗人们感慨万分，对阳山村深厚的文化内涵赞不口绝。部分诗人即兴题诗、题字，留下珍贵的墨宝。

因其独特的文化魅力，阳山也成为文化艺术创作的良好基地。2007 年，郴州书画院院长、版画家黄元强深入阳山村体验生活，创作了《守望阳山》画册。2011—2013 年，电视剧《欧阳海》、电影《红流》《湘南起义》分别在阳山村取景拍摄。2019 年，由田宇执导，陈昊宇、庄达菲、周彦辰等主演的奇幻青春校园喜剧《我才不要和你做朋友呢》在阳山村取景拍摄。

知名画家黄元强作品《守望阳山》图选（2006 年）

以阳山水坝为实景制作的电影海报（2019 年）

卫生 明清、民国时期，受历史条件的限制，医疗卫生水平不高。受传统旧思想影响，村民生病多寄希望于神佛庇佑，不治疗。虽然阳山古村中有丰玨、裕策、植厚、全厚等比较出名的中医，但村民的生命和健康常受疾病的威胁，特别是传染性疾病基本无法医治。清光绪年间和民国初年，村里发生过霍乱等疫情，死人颇多，有“上午抬人上山埋，下午等人埋自己”的说法。

20世纪50年代后，大力发展卫生医疗事业。1950年，县卫生部门开始对城乡居民实行霍乱菌苗预防注射，一些当时流行性的传染病疫苗相继推广接种，如天花、流行性脑膜炎、白喉、麻疹、炭疽、钩端螺旋体、痢疾、麻风、疟疾、血丝虫、乙肝、结核病等。村民发病率显著减少。1956年，政府组织群众开展以“讲究卫生，预防疾病”为中心的爱国卫生运动，开展“捕鼠、扑蝇、扑蚊、灭虫、灭蚤”的“三扑二灭”活动。每逢元旦、春节、端午、国庆等节日，村里开展大扫除活动，卫生环境、村民的卫生习惯得到很好改观。1958年，桂阳县委制定《爱国卫生运动20条》，在县卫生部门的配合下，改厕、改畜圈、改污水涵、改阴阳沟等，消除菌源地，有效地防治一些疾病的发生。1968年，为贯彻毛泽东“把医疗卫生工作的重点放到农村去”的指示，每村都成立了大队卫生合作医疗站，村民何昌瑞、李满良、何秀英经过培训先后在大队合作医疗站担任赤脚医生和接生工作。

阳山村医务室（2021年）

20 世纪末，桂阳县委、县政府出台了一系列的卫生医疗政策，村庄医疗卫生条件有了极大改善。1991 年夏秋之交，由于洪涝灾害，阳山村发生了几十年不遇的钩端螺旋体病，有部分村民感染，由于救治及时和预防彻底没有造成多大影响。2004 年，村里集资筹劳，装上自来水，使人们用上更清洁、干净，无污染的水源，阻断了村民病从水入的途径。2008年，实行农村医疗保险，使村民在有病时，特别是大病时能得到有效的医治保障。随着国家医疗科技水平的进一步提高，人民身体健康，生活幸福美满有了更好的保障。

社会保障

优抚救济 明、清、民国时期，阳山村有“宗源会”“议学会”“重九会”“救婴会”等会。各会依据实际情况对读书人、老人、女儿、孤寡进行资助和救助。现存资料中有这样的记载：1938 年，付学校全年津贴谷捌石，付见宝妻谷五斗，付爛子妻谷五斗，付松林谷贰斗，付其古谷贰斗，付征兵津贴谷壹石，付世保育女洋壹元（洋就是银圆，当时 1 元相当于今天 50 元左右），付世旦育女洋壹元，付童古育女洋壹元。

中华人民共和国成立后，1952—1958 年初高级社时期，村内对生活困难、无劳动力或者劳动力不足的志愿军和义务兵家庭实行代耕，包耕、包种、包肥、包收。人民公社成立后，代耕改为优待劳动日制度。现役军人的优抚待遇由大队统筹，所在生产队年终分配决算时补贴工分，结现金发放。1982 年实行家庭联产承包责任制前，对烈属、现役军人家属的慰问，按略高于村民生活标准每年补助 500 ~ 1000 个劳动日；生活特殊困难的烈属、军属由县民政部门给予经济补助，一般每年 100 元左右。1982 年后，劳动日补助改为现金补助，由乡统筹按人发放。2010 年，现役军人每人每年补助优抚金 4.5 万元，2016 年为 6 万元。1982—2000 年，退役回乡人员每人每年一般 200 元左右。2012 年后，随着农村群众生活水平提高，退役军人优抚金也在加高，平均每人每年已达 1000 ~ 2000 元。

1965—2019 年部分年份阳山村贫困人员救济情况表

表 6

年份	救济人数（人）	救济金额（元）	衣服床上用品（套）	食用油（桶）	粮食（千克）
1965	10	—	衣服 5（布票 41 尺）	—	100
1981	92	2000	50	—	500
1998	75	3600	35	—	350
2012	80	16000	25	20	210
2019	50	22000	20	35	170

2017—2019 年阳山村农村合作医疗保险参保人员和大病医疗费补偿情况表

表 7

年份	参保人数（人）	参保总金额（万元）	补偿人数（人）	补偿总金额（万元）
2017	1672	25.08	263	87.5692
2018	1631	29.358	245	89.6085
2019	1634	35.948	259	139.8670

灾害救济　中华人民共和国成立后，每逢自然灾害，各级人民政府贯彻党和国家“有灾必救”的原则，依靠集体力量，以自力更生、恢复生产为主，辅以国家支援，及时发放救灾钱物，稳定灾民情绪，努力做到化有灾为无灾。1981—2004 年，每逢灾害年，经乡政府实地勘察报上级政府，为受灾村民减免部分农业税。受损房屋下拨救灾款。

2007 年冬由于冰灾，村民生活受到极大影响，政府给村民发放米、蜡烛、钱物等，帮村民渡过难关。

贫困残疾救济　中华人民共和国成立后，因家庭人口多、孩子小，或者身体残疾、发生突发事件（灾、病等），造成村民生活困难的情况年年有。人民公社时期，有的生产队超支户占农户的 20% ~ 30%，有的更多达一半以上。生产队对困难户采取多种形式的帮扶，劳动力强的安排一些工分高的农活，体弱多病的安排轻松的农活，生活特别困难的家庭，生产队在年终决算时给予照顾。少数贫困户和孤老病残者靠土地生产难以维持生活，每年春夏青黄不接时，政府给困难户发放一定数量的度荒粮款。每年冬季民政部门把棉衣、棉被发放给困难户，解决御寒问题；每到春节期间，政府部门都会给困难户、孤寡老人、残障人士发放补助救济金。2012 年后，一般的困难户和孤寡老人、残障人士都上了低保，每年都有 1500 元左右的补助。

大病救济　1968 年，开始实行农村合作医疗，阳山大队配有 2 名赤脚医生，成立大队部卫生室。合作医疗基金从集体公益金中提取。看病记账，每年生产队年终决算时一次性扣除。1982 年，合作医疗暂停。1982—2004 年，对困难家庭和其他因大病花费数额巨大者，经本人申请、医院证明，由村级组织上报县民政部门审核，给予大病医疗补助，或减付医疗费用。2004 年，推行新型合作医疗保险，有 985 人参保；统筹基金标准为每人 100 元，政府财政投入较大，个人承担 1/4；个人大病最高补偿费 10 万元。2018 年，合作医疗保险基金标准提高到每人每年 180 元，在乡镇卫生院和村卫生室开通普通门诊报账，每人每年普通门诊报销最高限额 600 元；乡镇卫生院和村卫生室普通门诊起

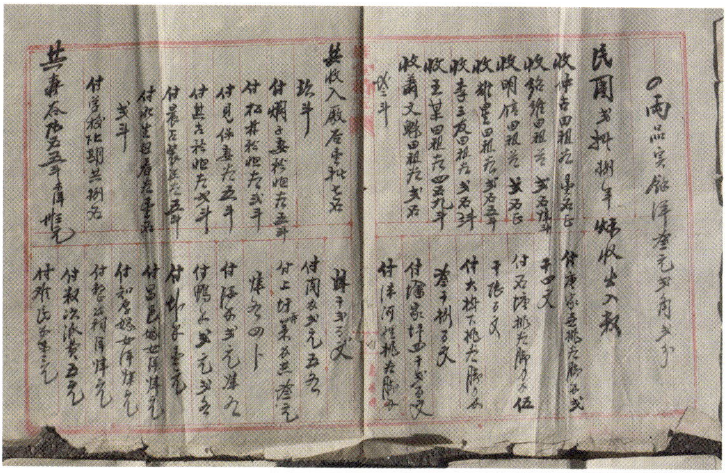

阳山古村旧“六会”救助凭证（2018 年）

付线分别为 10 元、5 元；补偿比例分别为 60%、70%。特殊门诊、住院进行特定治疗的可申请重大疾病报备，实行单病种结算管理，报销比例为限额内的 70% 以上。参保村民住院经城乡居民基本医疗保险按规定支付后，个人合规自付费用超过 1 万元的（建档立卡贫困户 5000 元以上）由中国人寿保险公司按规定比例进行二次补偿。合作医疗最高补偿 15 万元。2019 年，医保基本金额为 220 元，全村 1729 人全部参保。住院最高补偿 22 万元。

新型合作医疗保险减轻大病人员和家庭的负担，使长期存在的“看病难，看病贵”问题得到缓解。2017—2019 年，全村有 767 人次患大病，实际补偿金额 317.0447 万元。

五保户救济 1958 年人民公社成立起，阳山村开始实行五保户（缺乏劳动力或者完全丧失劳动力，生活上没有依靠的老、弱、孤、寡、残疾人员实行“保吃、保穿、保住、保医、保葬”等五保对象称五保户）供养。1958—1982 年，由村组集体负责其日常生活所需，包括挑水、砍柴、担炭、碾米、就医、丧葬等（也叫生养死葬）。1982 年农村土地责任制后，由县、乡、村三级政府联合进行供养。2004 年，实行农村合作医疗保险，五保户不用参保，门诊、住院治疗费用全免。2012 年后民政部门对五保户每人每年大约发放 7000 元左右的生活补助，每年县、乡镇、村、村民小组给予五保户 200 ～ 1000 元生活补偿金，保证了五保户的基本生活。

精准扶贫 2015 年 11 月，中共中央决定在“十三五”期间全面开展脱贫攻坚战工作，消除贫困人口，实现全民小康。通过“发展生产脱贫一批、易地搬迁脱贫一批、生态补偿脱贫一批、发展教育脱贫一批、社会保障兜底一批”等政策，让在国家现行标准下的建档立卡贫困户实现“一超过两不愁三保障”（“一超过”指脱贫人口家庭年人均纯收入稳定超过国家扶贫标准，“两不愁”指不愁吃、不愁穿，“三保障”指义务教育、基本医疗和住房安全有保障）的脱贫目标。

精准扶贫工程实施后，阳山村基础设施条件得到极大改善，供水、公路交通、基本农田建设等事业都有了前所未有的发展。全村 9 个自然村都用上洁净方便的自来水，15.5 千米的村村通公路实现了硬化，70 公顷基本农田在灌溉、交通等方面的条件得到了极大改善，以前靠肩挑手提的生产生活模式得到了根本改变，普遍实现农业机械化。

全村建档立卡贫困户 17 户 51 人，到 2019 年年底，未脱贫 2 户 6 人。全村发展生产脱贫 10 户，易地搬迁扶贫 1 户，危房改造 3 户，医疗救助 6 户，发展教育脱贫 6 户，社会保障兜底 1 户。2014—2019 年，建档立卡贫困户在“五个一批”政策上受益共达 2943193.6 元。

阳山村村级服务平台（2021 年）

在政策的引领下，建档立卡贫困户结合本地优势，选准脱贫路子，发展种植、养殖业，通过自主创业，自我就业，推动了阳山村群众脱贫致富进程。下阳山自然村建档立卡贫困户村民李政文，享受易地搬迁脱贫政策后，2015 年购买 2 箱蜂苗，到 2019 年，发展到 50 余箱，实现年收入 15 万余元，成为村里脱贫致富路上的明星。

到 2019 年年底为止，已脱贫 15 户 45 人，其余 2 户 6 人也于 2020 年年底脱贫。

村庄建设

道路桥梁 境内是古代通粤的交通要道，村北有一条西东走向、从桂阳州通往广东连州的古驿道，有通往郴州城、桂阳城、华塘圩、保和圩等地的古石坂路。村南有通往月峰圩、正和圩、清和圩等地的古道。1949 年新中国成立前，村中有保桥、保路会，路桥会负责道路平整和路边刺蓬茅草的清理，确保道路通畅。所管道路里程约 20 千米。保桥、保路会设有茶铺、凉亭（供行人饮歇之用），现界牌岭还保存着由石片砌成的亭子一座，牛轭岭凉亭一座，罗家山凉亭一座，枫树坳凉亭已毁。

1973 年，“郴 43”线建成，桂阳至正和圩公路通车。正和通阳山村公路于 1974 年 12 月修通土石毛路。1977 年，阳山村村道料材湾（现今阳山古村）至落坦坪新村田间大道修通，打通了阳山村与外面世界的连接通道。田间山岭土石路，道路泥泞，每年都要组织村民出工出力修补公路。

1994 年，郴州市交通局驻村工作队在组长陈民惠的带领下，进驻阳山村，通过实地考察，发现阳山村的交通状况极差，只有一条崎岖、泥泞，运载能力差的土沙公路连接山岭外面的世界。工作队组长陈民惠、副组长刘一宁、技术科长绍广平 3 人带领阳山村组干部多次勘查，报请郴州市交通局，重新修建正新公路。该路于 1995 年 3 月 29 日动工修建，东起新屋与华（华塘）溪（南溪）线相接，西至正桂线（正和至桂阳），全长 11.5 千米，路面宽 4.5 米。拉直阳山村段坳背自然村虾公塘至料材湾枫树坳 2 千米路段，阳山村段建料材湾公路桥 1 座。1996 年秋，投资 150 余万元的正新公路全线沙石路通车，改变了阳山出行“晴天跳着走，雨天滑着走，车辆过后一身泥”的状况。

2006 年，因阳山旅游开发，在桂阳县政府的高度重视下，投资 700 万元把正新公路 11.5 千米路面全部水泥硬化处理。

2012 年，厦蓉高速阳山段建成通车。

2014 年，阳山村主干道，阳山古村至落坦坪新村全长 3 千米村道全部硬化处理。共投入资金 200 万元。

阳山村的道路桥梁（2019 年）

2014年，为适应郴州市旅游大环境的需要，一条由东至郴州小埠南岭生态城，西至郴桂高等级公路黎家洞立交桥，全长12.98千米的黎埠公路始修，全线按二级公路标准建设，总投资1.7亿元。2017年秋竣工通车，全线铺沥青柏油，道路宽敞、平直，阳山村段长9千米。

2005—2017年，阳山村共投资300万元，每个自然村的进村路面都得到硬化处理，让晴天满路灰、雨天满身泥的阳山村民出行难的状况得到彻底改善。

境内有落坦坪兴旺冲古桥、阳山古寿桥、茅山塘（花山村）村道桥、落坦坪新村村道桥、下阳山村前石拱桥、侯家村前石桥、阳山古村村前石拱桥、阳山古村田间便道石拱桥、阳山古村阳山湖水坝桥、黄石电站水坝桥、厦蓉高速阳山段高架桥、黎埠公路阳山古村公路桥等。

邮政、电信 明清时期，桂阳设铺递，桂阳至阳山有投递军政机密文书的网路，民国时期邮汇由东镇乡（正和圩）代办，1913年至1950年，设五日邮的乙段邮政代办到正和圩，信件、信函、汇票由正和圩转交、转邮。1950年后，有五日一邮的邮政员到阳山投递信函、邮件。改革开放后由于邮政制度改革，基本邮递都到正和乡政府办理，或转邮、转递。

1926年8月，桂阳县城才有架到东镇乡（正和圩）电话线路，1958年高级合作社时期境内的手摇电话开通，1990年始装程控电话，1996年后手提电话逐步进入村民家中。

信息网络 1958年高级社开始，境内装有大喇叭。1966年至20世纪80年代前的村村通，装有盒子喇叭。2004年应旅游开发需要，中国移动、中国电信网络接入境内。2009年，电信宽带接入境内，2015年中国移动宽带接入，实现了境内信息网络全网覆盖。

随着通信事业的发展，电话、手机成为人们生活中不可缺少的部分。阳山村地处山岭包围的小盆地，通信信号强度弱。为改变这一状况，2004—2012年中国移动、中国联通、中国电信投资1700万元，先后分别在上阳山老庙图、下阳山园背岭、黄石南亭坳岭修建通信基站。

供电 旧时，境内主要使用植物油（如桐油）、膏脂（如松脂）等照明，19世纪80—90年代才开始用煤油灯照明。1976年阳山水电站建立，境内每晚有2～3小时电灯照明，平时还是点煤油灯。1980年后，才开始有稳定的照明电（低压电），家用电器用稳压器才能正常使用。20世纪末期，国家电网整改，供电日渐稳定，家用电器开始有稳定的电压，实现正常使用。

黄石发电站水坝（2020年）

供水　阳山村自从有人定居以来，都是从山岭出水处引水到每个自然村村前地势低平处建井蓄水，方便村民取水、洗菜、洗衣服等。随着村落的经济发展和村民生活水平的提高，家用电器的普及，原来的取水方式制约了村民的生活。1996—2016年，下阳山、阳山古村、上阳山、侯家、黄石、坳背等自然村共投资60万元兴建自来水工程，改变了村民千百年来肩挑手提的取水方式。

小桥流水（2018年）

围墙外的排水系统（2018 年）

排水 境内因旧时先祖择地建房时，讲究排水、防水布局，明沟、暗道交错相通，排水系统相当发达，境内没有什么内涝现象发生。据记载，只是在清朝乾隆年间发生过一次洪灾，大水冲毁农田、沟渠和临水杂房。20 世纪 50 年代也发生过一次，暴雨淹没了村庄一些低洼地带。1992 年 7 月中旬，连降几天暴雨，洪水猛涨，正在收割的稻田被冲毁，田中的稻子、脱粒机被洪水卷走。

水利整理 水利是农村经济的命脉。保护耕地、兴修水利是农村发展的根本保障。阳山村为确保经济发展，于 2014 年投资 110 万元分别对上沟 1800 米水渠和下沟 3500 米水渠进行三面硬化。2011 年，投资 8 万元对村主干道西面 1500 米水道进行三面硬化。2015 年，国家烟草专卖局投资 70 万元改造了下阳山、阳山古村、侯家共 40 公顷烟水配套工程。2018 年，国土资源部投资 190 万元进行土地开发项目，整理了黄石、坳背共 30 公顷耕地。2019 年，国土资源部投资 195 万元对上阳山、花山、下阳山、侯家、阳山古村共 66.67 公顷耕地进行开发整理。

生活污水治理 随着社会的向前发展，乡村传统的生产和生活方式得到改变，农家肥不再是农作物的主要肥料。农家肥和生活污水变成了污染源；阳山村农家的污水（卫生间冲厕水、畜禽粪便尿液等）、灰水（洗衣机排水、浴室排水、厨房洗涤水），直接或间接地排入和渗透到水源和河道中，形成了一定的污染。

为治理乡村水源、河道的污染问题，中央和地方政府出台了多项相关政策。2010 年桂阳县出台改建农村传统厕所政策，阳山村有 5 户村民改造，铺设管道，挖砌有净化功能的化粪池，进行污水净化处理，达到排放标准。2012 年后，阳山村新建楼房 52 栋，全部砌上有净化功能的净化池。2015 年，又在上阳山、下阳山、阳山古村建设大型污水处理池 3 处，把村民生产生活所产生的污水集中收集净化处理，让水变得清澈，让空气变得清新。

乡村生产生活污水治理已经纳入国家乡村振兴战略，这项利国利民、惠及城乡和子孙后代的工程，将会越办越好。

村民生活

村民收入 1949 年前，村民收入主要来源于耕种、养猪、养家禽，挑脚贩运等为补充收入。农民拥有耕地的极少，大多数农户靠租田耕种，每年秋收后须缴纳租谷，歉收年份，缴纳租谷和田赋税后所剩无几，口粮短缺。1949 年，全村人均纯收入约 20 元。新中国成立后，经过土地改革和大生产运动，1952 年，全村人均纯收入约 38 元。农业合作化初期，加强经营管理，1956 年，全村人均纯收入上升到 46 元。人民公社时期，村民收入主要是通过参加集体劳动，以工分劳动日折算取得报酬，或有少量的其他收入。1958 年，因“大跃进”和“五风”影响，村级经济受挫。到 1960 年，人均纯收入下降到 36 元。此后开展整风、整社、反“五风”，国民经济调整，“三大革命”和“农业学大寨”运动，生产一定程度上得到恢复和发展。1965 年，人均纯收入 61 元。“文化大革命”期间经济增长缓慢。扣除支付给生产队分的口粮、肉、食用油等款项后，所剩无几。有不少没有劳动力但人口又多的家庭，年终决算分配为超支（倒欠生产队）。1965 年，阳山大队料材 1 队年终决算，能分配到现金的为 11 户，分得现金 1523 元；超支户 20 户，超支金额 853 元。1968 年，全大队共有超支户 135 户，占全大队家庭总数的 40%。1970 年，村民收入有所好转，基本口粮得到保障，集体经济有所上升，人均分配有所提高。1970 年，人均纯收入 85 元；1978 年，人均纯收入达到 118.5 元。

1965—1980 年阳山大队社员收入分配情况表

表 8

年份	分配收入（万元）	人均收入（元）	年份	分配收入（万元）	人均收入（元）
1965	9.56	122	1973	14.8	140
1966	10.08	135	1974	16.5	155
1967	12.7	147	1975	14.7	136
1968	12.4	145	1976	13.9	115
1969	13.15	149	1977	16.3	148
1970	14.8	153	1978	16.1	146
1971	16.7	165	1979	17.3	156
1972	15.4	149	1980	18.55	169

1968—1980 年部分年份阳山大队料材第 1 生产队社员收入情况表

表 9

年份	户数（户）	劳动日（个）	劳动日单价分配（元）	分配总金额（元）	其他(元)	合计收入(元)
1968	31	28920	0.56	16195	1378.4	90
1971	38	22900	0.56	12700	137	87
1972	39	25361	0.5	12717	—	84
1973	39	20764	0.5	10382	—	67
1974	40	24429	0.6	14657.53	—	93
1975	38	21035	0.85	17880.6	—	113
1977	37	25000	0.5	16937.32	978	90
1978	36	21000	0.61	12810	—	92
1979	37	28625	0.9	10148.27	—	79
1980	36	25000	0.57	16589	2153	109

1981 年后，改革开放实行土地承包责任制，生产力得到解放，农村经济快速发展。1985 年，人均纯收入 1832 元。1988 年，全村人均纯收入 2551 元。1990 年，人均纯收入 2950 元。1995 年，人均收入 4241 元。2000 年，全村人均纯收入 6096 元。2012 年后，中央推行新一轮的农村土地政策，鼓励土地流转，更多的农村人口进城务工和经商，村民收入得到显著提高，收入结构发生很大变化。2012 年，全村经济总收入 8280 万元，其中农业 850 万元、工业 6400 万元、服务业 1030 万元。2016 年，全村经济总收入 8100 万元，其中农业 1100 万元、工业 5200 万元、服务业 1800 万元，人均可支配收入达到 1.9 万元。

村民支出 1949 年，阳山村户均 4 人，全年平均支出食品 24 元（粮菜等 15 元，糖 2 元，盐 7 元），衣服 6 元，礼金 3 元，房屋维修及车马费 5 元，灯油 12 元，工具及肥料 4 元，土地赋税 4 元，定期费用（祭祖等）20 元，合计 78 元，平均每人 19.5 元。

1965 年，4 人户全年平均支出食品 60 元，衣服 18 元，房屋维修等 15 元，医药费 6 元，儿童学费 5 元，待客 32 元，合计 136 元，平均每人 34 元。1988 年，4 人户全年平均支出 8676 元，平均每人 2169 元。2000 年，4 人户全年平均支出 16616 元，平均每人 4154 元。2016 年支出项目有 42 项，比 1988 年的 22 项多出 20 项，4 人户全年平均支出 52643 元，平均每人支出 13160.75 元，为 1988 年的 6.4 倍，同期全村人平均收入增长为 7.4 倍，收支相比，村民经济积累同步增长。

1981—2019年部分年份阳山村人均可支配收入情况表

表10　　　　单位：元

年份	金额	年份	金额	年份	金额	年份	金额	年份	金额
1981	1371	1989	2743	1997	4903	2005	8761	2013	15654
1982	1474	1990	2950	1998	5272	2006	9420	2014	16832
1983	1585	1991	3172	1999	5669	2007	10129	2015	18099
1984	1704	1992	3411	2000	6096	2008	10891	2016	19461
1985	1832	1993	3668	2001	6555	2009	11710	2017	20926
1986	2206	1994	3944	2002	7048	2010	12591	2018	22570
1987	2372	1995	4241	2003	7578	2011	13539	2019	24150
1988	2551	1996	4560	2004	8148	2012	14558		

1988年阳山村户均（4人）消费支出情况表

表11　　　　单位：元

消费支出项目	金额	消费支出项目	金额
粮食	100	医疗费用	160
蔬菜	25	车旅费	30
盐、酱油	20	学费	100
肉类	180	建房	1865
零食	20	结婚等	348
烟、酒	110	人情往来	500
衣服	100	生产费用	3170
床上用品	50	年节费用	1200
煤炭费	80	农业税费	18
电费	50	父母赡养费	200
房屋维修费	150	总支出	8676
日杂用品	200	人均支出	2169

2016年阳山村户均（4人）消费支出情况表

表12　　　　单位：元

消费支出项目	金额	消费支出项目	金额
粮食	1045	医疗保险	180
蔬菜	388	农用物资	100
食品	363	煤炭费	700

续表 12

消费支出项目	金额	消费支出项目	金额
肉类	1213	电话费	1200
鱼类	526	网络费	700
豆制品	88	机动车油费	2776
食用油	378	机动车修理费	663
盐、酱、味精等调料品	216	日用杂费	300
茶叶	481	家电修理费	75
零食	306	医药费	1796
烟	291	外出车旅费	378
酒	385	学费	2459
蛋类	342	祭祀费用	266
水果	287	家用电器	378
奶类	328	建房	18328
待客	1500	买车	3685
衣服	1622	生子、上学、结婚办酒	543
床上用品	968	丧事	365
液化气	456	人情费	2600
父母赡养费	1800	其他	512
电费	1456	总支出	52643
养老保险	200	人均支出	13160.75

穿衣 旧时，境内男性一般穿素色或青蓝色土布满襟衣，士绅着蓝布或丝绸长衫，天寒时外套马褂。妇女着衣宽大，长逾膝盖。男女都穿土布穿裆筒裤，裤头用白布。男人多戴青缎巾帽（又称碗水帽）或狗头帽，士绅戴礼帽（称博士帽），老妇人披青布帕或青丝绸帕，小孩戴绣花狗头帽或风帽。男人穿长筒布袜、纱袜和圆口、剪口或双鼻头布鞋，小足妇女裹长脚布，穿尖嘴小鞋，出嫁姑娘穿红绣花鞋；雨天，男女多着木屐或牛皮钉靴，戴斗笠，缠汗帕，干活穿草鞋。民国时期，士绅兼着中山装、西服，学生着学生装，富家妇女穿旗袍、短裙。20 世纪 50 年代后，仍习惯穿汉服。80 年代后，随着生活水平提高，穿着上紧跟社会潮流。各式服装相继出现，如西装、唐装、夹克、太空服、长短裙、牛仔服等，彰显丰富多彩的时代感。

解放前，一身衣服穿几十年，全部是补丁摞着补丁的“百衲衣”，普通人家饰品更

游客着汉服游古村（2020 年）

少。1949—1981 年，也是“新三年，旧三年，缝缝补补又三年”。1981—2000 年，每年过年都有新衣服，春秋时节也会置办一些应季衣服。2000 年后，基本上是新衣搭旧衣，装得满抽屉，又多又讲求时尚、新潮、高档。

1965 年以前，基本上是家庭手工做衣，1965—1979 年全村有缝纫机 2 台，1980—1999 年全村有缝纫机 260 台，2000 年后缝纫机基本没有人用，衣服全部到市场购买。

首饰　旧时稍富有的人家，妇女佩金、银耳环，金、玉、银手镯，针筒，牙签。中指套铜、铁指圈，便于做针线活；或戴金、银、玉戒指。小孩围金银项圈，系金、银长命锁，戴银制罗汉镶边帽。

20 世纪 80 年代后，生活水平提高，金、玉、银、白金首饰已渐渐成为普通百姓的时尚。

饭食　清《直隶桂阳州志》载：“桂俗虽俭，唯饔飧一事差与他郡异。天下风俗，每日二食者俱多，唯州俗独三。而农家春夏多一食，曰下午饭。”阳山村耕地以田土为主，多种植水稻、红薯。主食以米饭、米粥为主，红薯、玉米等杂粮为辅。20 世纪 80 年代前，村民煮饭一般用铁鼎。红白喜事等大型场合以及大户人家多用木甑蒸饭。多为一日三餐，农闲时候有的村民每日两餐。用餐时间根据农事的闲忙而变化。境内村民素有“红薯半年粮”的说法，对红薯吃法习惯因人而异。有的喜生食，有的蒸煮熟食，有的晒成红薯丝拌米煮饭吃，还有的晒成红薯干食用。在粮食欠缺时，喝粥吃稀饭是经常的，有米粥、红薯粥、糍粑红薯粥、大米南瓜粥等。那时，一般每天两稀一干，即早、中餐吃稀饭，晚上吃干饭。讲究轻早中餐而重晚餐，说是“晚饭不饱，睡觉不好”。20世纪80年代后，粮食产量大增，以稀饭为主餐的村民渐渐减少，红薯玉米等杂粮不再是主食，基本都是吃白米饭。现今，村民时不时地煮些红薯、玉米、面条等杂粮当主食吃，称为健康饮食。

1948—2019年部分年份阳山村村民月均粮油食用情况表

表13

项目	1948年	1956—1963年	1965—1976年	1982—1990年	1994—2003年	2010—2019年
粮食（千克/人）	10	12	20	21	18.5	15
食用油（克/人）	15	50	250	300	800	950

菜肴 菜肴方面，由于阳山的地理、历史、物产的独特，形成了一套自成体系的烹饪技艺和风味。对菜品，注重热、烂、辣，讲究色、香、味、形俱全。自古以来，村民平时以蔬菜为主，蔬菜因季节而异，一年四季都有新鲜蔬菜。荤菜以猪肉为主，鸡、鸭、鱼次之。20世纪50年代前，只有富裕家庭有荤腥吃，平常人家一年在过年过节、红白喜事宴客、雇工或插田收稻时能买肉吃上荤“打牙祭”就算奢侈了。部分熟悉门道的村民到池塘、河里、稻田里捉鱼、捞虾、摸螺蚌或上山放索、铁夹捕野兽之类来增添生活的滋味。平时待客设宴，不摆单数菜碗，即使是生活困难者也会用咸菜或清汤凑足双数，以兆好事成双。村人多嗜食辣椒，无辣不成菜。常食的有五爪辣椒、红

大头菜（2018年）

时鲜蔬菜供游客选购（2018年）

青椒（2018 年）

芋头（2018 年）

青尖椒、干尖椒等，还常用尖椒制成辣椒制品，如豆豉辣椒、辣酱肉、辣子萝卜条等辣制菜品。

中国民间传统节日颇多，阳山以春节、元宵节、清明节、端午节、立夏、中元节、中秋节、重阳节、冬至节为重。每个节日差不多都有相应的特殊食品和习俗。节日食物大致可分两类：一是用作祭祀的供品，二是供人们在节日里食用的特定食物制品，是节日食品的主要部分。如春节的团子肉、丸子、酿豆腐、糍粑。元宵节的元宵，寓含亲人团聚、圆满、财运亨通之意；立夏时，吃青壳鸭蛋、饺粑、田螺，寓意强身健体、心明眼亮；糍粑是清明节食用的特定食物制品，一个家族集中扫墓时，身强力壮的汉子，把大担的糍粑挑到祖坟山，在祖宗墓前当场给前来扫墓的族人分食，寓意族人像糍粑一样糅合、团结；端午节吃粽子，是爱国主义精神和浓重的乡土情感的结合；中秋节的血鸭、米粉鸭各具风味；尝新节吃新谷米，寓意深远等。这些食品不仅满足了人的生理需要，更重要的是满足了人在特定的自然时令和节庆特殊环境中的心理和文化需要，同时也便利了传统文化的自然传承。

晾晒腊肉（2015 年）

挂腊鸭（2013 年）

包粽子（2020 年）

酒饮　酒在民俗文化活动中扮演至关重要的角色，大凡祭祀、诞庆、迎娶、丧葬、建造、乔迁、节庆、宴客等项活动中少不了酒，俗称“无酒不成席”。什么时候喝什么酒是有讲究的，阳山人一年四季无时不酒。除夕夜喝“团圆酒”，正月里亲朋聚会喝“拜年酒”，春季插秧吃“暖脚酒”，端午节吃“雄黄酒”，八月中秋节喝“桂花酒”，金秋时节喝“丰收酒”，还有“满月酒”“升学酒”“乔迁酒”“结婚酒”，等等。无论什么事、什么日子，只要立起名目，都要喝上几杯。《桂阳州志》有载：“自辰至酉，无非饮时；自老及幼，无非饮士。”一般日常自饮是浓度低、性醇味甘的冬水酒；浓度高、贮

敬酒（2020 年）

藏年份久或浸泡药材的酒多用以待客。旧时饮酒，盛酒器具以锡制酒壶为上乘物，冬天饮酒时先把壶放在锅中的热水里烫热以后再饮，更容易温身暖体。席间筛酒（也叫斟酒）也有讲究，一般按尊卑长幼次序先后筛酒，最后再给自己筛酒。酒筛好后，酒壶嘴不能对客人，要对着自己，否则就是失礼。敬酒时，敬酒者要站起来，双手举杯，讲祝福语或吉祥语，并要先喝表示敬意。在酒席上，主人要热情地向客人敬酒，客人也要向主人回敬。筛酒说"满上"，以杯满为敬；敬酒说"干杯"，意在让对方多喝，喝干了不能说"喝完"，要说"喝喜"了。村境内普遍有劝酒习惯，俗称"陪酒"，主人要找出各种理由和话题劝客人多喝几杯。散席时，客人要表明自己"酒醉饭饱"，感谢主人家的热情款待和丰盛的酒席。

喝酒时有划拳（也叫猜拳）的习惯，是普通百姓行酒令的一种方式。虽然没有文人墨客吟诗作对那样风雅，但也有自己的独特魅力和民俗意味。两人喊过"全福寿，高寿"后，便出臂挥掌，指伸拳合，连珠炮似地高呼起来，所喊之数如是两人伸指之合，即为赢家，输者就得罚喝酒。如果两人说的数相同，则不计胜负，需重新再来一次。如此反复，把规定的杯数划完。划拳习俗虽然被不断进步的文明饮酒法取代，但划拳文化却以民间歌曲的形式流传下来。

酒席 村境内遇有嫁娶、乔迁、寿庆或丧葬等红白喜事，皆要摆筵席，俗称"做酒"。做酒的酒席没有规格高低之分。旧俗，嫁女酒席稍差，吊唁酒席一般，娶亲、起造圆工等类型的喜宴菜肴偏于丰盛。酒，一般是自酿土酒。20 世纪 80 年代后，时兴敬

酒席（2018 年）

酒时上瓶装酒。后来，家酿酒减少，多用瓶装白酒、啤酒、红酒、饮料替代。菜肴，以猪肉为主。包括三鲜汤、肘子肉、丸子、鸡、鸭、干笋、鱼等。一般兴摆八碗菜，寓意“八字好”；也有摆十碗、十二碗的，寓意“十全十美”“月月红火”。2012年后，席间多了海鲜、牛羊肉等菜肴，但肘子肉、丸子等传统菜肴至今未变。

20世纪80年代前，村民办酒没有专用的桌椅板凳、碗筷等设备，若逢谁家办酒席，主人家要安排帮忙的村民在村内挨家挨户去借，称为“凑桌凳碗筷”。主家里如果不能摆下相应的酒席桌数，可以向邻居借屋摆桌子，主家人要给借屋的邻居贴红喜联，以示喜庆。桌子是四条腿的方形桌，上下左右各摆放一条木制长凳，可供8个人同坐，俗称“八仙桌”。20世纪80年代后，境内村落开始添置酒席用的公用桌凳碗筷炊具。2013年后，兴起由流动酒家承包做酒或去酒家定做酒席。

在酒筵中，宾客入座时，一般按亲戚朋友的尊卑长幼入席就座。坐正席（也称“上席”）则有严格的规定，坐正席的客人皆为至亲长辈，由主人及理事者安排，俗称“安席”。如若安错了席位，特别是正席位，轻者引起不愉快，重则会因此罢席，搞得主客非常尴尬。正席的顺序一般是这样安排，若正厅只有一张桌子，则以面对大门的左侧为首位，右侧为第二位。如果安排两张桌子，则以面对神龛下左边桌位为首席，右边桌位为次席，第二排左边为第三席，右边为第四席，依此类推。席上面向大门者为上，背对大门者次之。在婚嫁宴席上外公首席，娘舅为二席，亲家（或姑父）为三席，姨父坐四席。丧葬酒席“双夫”坐主厅前二席，地理、娘舅、礼生、亲家、姑父、姨父分别依次座席。升学宴是老师为首席，外公、爷爷、娘舅、伯叔、亲家、姑父、姨父分坐二、三、四席。寿宴分男女寿宴，男寿宴是本族德高望重者为首席，寿星为二席，母家、内兄为三、四席；女寿宴母舅为首席，其他依辈入席。新屋落成圆工酒的席位安排又不一样，首席为技工师傅，其他依次入席。“安席”有一套比较规范的议程和礼节。一张桌子的座位按上下左右，分主席、次席、侧席、陪席。安席前，一般由主人和礼生（理事）根据来客的亲疏、辈分，确定所坐席位。安席次序：先首席客，再二席客，依次进行，直至安席完毕，方可燃放鞭炮，上菜开席。现今，虽然阳山酒筵的安席风俗略有改变，但正席仍然留给主人的至亲长者。不论是平常做客还是红白喜事坐席，阳山人还是遵循基本的坐席礼仪。

开席时，都要燃放鞭炮，厨师或帮厨者用条盘装上同样的菜，一只手将条盘举起，从厨房送至酒席之间，各酒席推选一名“劳神”者负责端菜，上席或贵客席则由主人安排一至两名“劳神”者（有的村落由礼生带四碗正菜）。每出一碗菜都从正席端起，沿酒席过道依席端上，前四道菜一般要鼓乐鸣奏，上第四道肘子或烂肉时要燃放鞭炮。红白喜事酒席上菜有一定顺序，第一道汤，第二道鸡，第三道丸子，第四道肘子或烂肉，第五道干笋，第六道鸭肉，第七道甜菜，第八道鱼。至今上菜顺序略有改变，但菜品仍以十道或十二道为丰盛。

无论办什么酒席，第四道菜上后，都要在酒席中行“敬酒”之礼，敬酒时要燃放鞭炮，乐倌终止正在演唱的曲目，鼓乐齐鸣，酒席的礼事或主人要在酒席间发表祝词。婚宴由礼事者领新郎新娘至席间敬酒。吊唁酒席，主人要在谢孝之后再到酒席上向客人敬酒。从正席开始，敬坐正席的亲友长者，其他席位随主人之意。

正式酒席，最后一道菜必上鱼。以“鱼”“余”谐音，象征生活富足，有吃有余。上鱼后，宾客大多停止饮酒，开始吃饭。但是，坐正席者会在陪客者的劝说下继续饮酒，延续到散席后才止。此俗至今未变。

散席收场也有讲究，要等所有客人全部离开席位后才收拾碗筷、桌椅，否则被视为无礼，引起客人不满。最后一桌客人散席时，要向主人、礼事者告辞，主人或礼事者送至门口。放鞭炮散席，此俗至今未变。

旧时，村境内村落酒筵有分菜肴的习俗，逢红白喜事宴会，男女分席而坐，女席不饮酒而要分菜，所以，来“吃酒”者也多为女性。菜上席后，女人们各自按份平均分菜，宴后各自把剩菜带回家里。现今，仅是部分女客根据对某种菜的喜好“打包”。

酒筵办完后，主家人清理好一切事务。第二天，主家人重新购买一些菜品，请厨师、帮厨、礼事人员吃饭，也叫“洗厨”或“谢厨”。表示此场酒筵完全结束。

饮食方面，解放前，杂粮加野菜，一块辣子肉吃一月；1949—1981 年，基本上是“两稀一干”（早中稀饭，晚上干饭），全村每年人均吃禽类 1 千克左右，畜类 10 千克左右；1981—2000 年，顿顿干饭吃得饱，全村每年人均吃禽类 3 千克左右，畜类 20 千克左右；2000 年后，吃得更讲究，强调早上要吃好，中午要吃饱，晚上要吃少，营养膳食，荤素搭配科学。全村每年人均吃禽类 10 千克左右，畜类 25 千克左右，水产品 12 千克左右。

炊具 解放前，一个柴火灶，两个铁鼎锅组成一个厨房。1949—1981 年，厨房里从铁鼎锅、铝鼎锅向不锈钢锅、高压锅进化，柴火灶也逐渐变成煤火灶。1981—2004 年，高压锅煮饭占住主要，煤火灶台也逐渐变成煤火热水灶台。2004 年后，冰箱逐步走进厨房；到2010年全村有冰箱300余台。电饭锅、消毒柜、燃气灶、电热水器、冰箱等电子产品逐年增长，到2015年全村每家每户都普及电子产品。

居住 解放前，一家四五口人居住在不足50平方米的祖房里，几代人挤在一起。1949—1981年几十年间，全村新建砖木结构住房15栋，大部分人仍生活在老旧的祖居中。1982—2010年，全村新建砖混结构的住房52栋。2011—2017年，新建钢架混凝土结构，上下二层水电齐全，带厨房、卫生间住房225栋，在郴州市区、桂阳县城购买商品房150余套。阳山古村几户人同住一栋房的面貌得到改善，房子被腾空，供游客观赏。

宗祠木门（2018年）

宗祠神龛（2018年）

农家风韵（2019年）

农家风韵（2018年）

黄石村新民居建设（2020 年）

1950—2019 年部分年份阳山村村民建房买房情况表

表 14　　　　单位：平方米

村名	1950—1960 年	1963—1970 年	1972—1985 年	1990—2003 年	2005—2019 年
阳山古村	50	—	200	1200	13000
侯家	25	—	100	500	1200
下阳山	50	—	180	1100	10500
上阳山	40	—	220	750	4200
花山	20	—	100	550	3300
落坦坪	30	—	160	1200	6000
小塘	—	—	50	100	600
黄石	50	—	240	1280	14800
坳背	30	—	150	680	3660

出行　新中国成立前，一根扁担两只手，肩挑手提双脚走。1949—1980 年，基本靠挑担背篓步行外出，村中唯一的一辆东方红拖拉机，经常挤满进出山村的村民，人货混装，极不安全。1981 年，公路上开始有骑自行车进出村的村民，到 1990 年，全村有自行车 180 辆。1991 年，摩托车开始驶进阳山村。三轮摩托车拉客进出村寨，村民的出

行便利起来。随后，小面包车也多了起来，进一步解决村民出行的困难。2006 年，阳山古村民居民俗生态旅游节会后，村内有从桂阳县城来往的班车，早中晚一天三趟，让村民的出行更加便利。到 2010 年，全村有摩托车 215 辆，面包车、运输车共 20 辆。2011 年，部分村民开上了小轿车。2012—2016 年，牛轭岭煤矿生意火红，村内村民有 20 余人跑起了运输，新增大型运输车辆 20 台。截至 2019 年年底，全村有大小车辆 180 余辆，摩托车、电动车 350 余台。

其他 2000 年以前，洗衣机、电话机、手机、电脑、网络等产品很少有人使用。2000—2010 年，全村有洗衣机 100 台。2011—2019 年，全村有洗衣机 360 台。2000 年以前，有电话机 8 台，手机 15 部。2001—2010 年，每户基本有一部手机。2011—2017 年，全村拥有手机数为 1300 余部。

2005—2019 年，中国电信、中国移动宽带网进入阳山村，网络电视逐渐代替了天线接收电视，全村都换上了高清平板电视机。

阳山古村

阳山古村，又名料材湾，即原廖家湾何家。村落前对土陂河，背靠伏牛山，土地平旷，山林青翠。村民以何姓为主，约600年历史，村中完整保存着明清古建筑60多栋，栋栋都蕴含丰富的历史文化信息，被称为“湘南客家第一村”。

◉ 古建筑

阳山古村古建筑丰富多彩，形制、结构、功能等各具特色，蕴意丰富。

古村槽门

也叫门楼。槽门坐西北朝东南，古村正屋的朝向基本上都与槽门一致，这体现了古村何氏族人团结一心，共同发展的文化理念。站在门口，前方远山，近处小河，青山田畴，流云飞鸟尽收眼底。古村有上中下门楼三处。其中，上门楼位于村后伏牛山下现在的何石宝屋后，现已无存。

下门楼　在古村古民居群前的入口处，处于五纵与八横相交的何昌礼屋前。沿一条由青石板铺成的“Z”字形石阶拾级而上，一座庄严古朴的建筑展现在人们眼前，它就是古村的下门楼，也称村前槽门，槽门两边有一段齐人高的围墙把古村环抱其中。槽门的入口为厅堂状，门里门外都由粗壮的原木支撑，檐口都有精美的雕刻。户对为镂空雕，一条精致的龙儿盘绕其中，还可看到有鱼跃出水面的雕刻。这也是古村先祖希望子孙，鱼跃龙门，飞黄腾达。门框上方有书写“阳山古村”匾额一块，为中科院院士湖南

夏日的古村槽门（2020 年）

省原政协副主席姚守拙所书。两边挂有一副墨底金字的木质对联，上书“宽容诚厚重，和气致祯祥”。

门楼是古村人通往外地的唯一通道，也是古村迎官送客、嫁女娶亲等重大活动的出入之门。

据老辈人介绍，“Z”形石阶的设计，一方面是为了避免邪气直接吹进来，起到避邪作用；另一方面也反映了古村人民内敛，不事张扬的性格特征。实在是有些讲究。“Z”形石阶也在告示人们，人生之路是曲折的，顺境不应张狂，逆境不应沉沦。

下门楼由正门和左、右耳房组成。进门的左边耳房外，立着 2 对“桅杆石”，也称“旗杆石”“拴马石”，村中保存完好的只剩下 4 对，其中下门楼就有 2 对。何氏族谱记载，古村何氏先祖先后有文官武将 83 名，其中进士 2 人，举人 8 名，翰林 1 人，将军 2 人。这些桅杆石就是对他们的历史铭记。

左、右两边耳房是古时看门人和打更人居住之所。据说每到夜晚 9 点钟左右门楼门关闭，次日早晨 6 点钟左右才开启。打更人晚上每个时辰必须到村中巡查一次，报更查火烛，防盗贼。由于古村这些完善的建筑设施和安全机制，全村几百年来，没有出现过重大的盗窃、火灾事故。

中门楼 中门楼位于村中研经第后面，处于二纵与二横相交的何小明屋前，建筑风格与下门楼相似，石阶、石基、砖木结构，门上方书“太极第”三字。这三字也是有讲

中门楼（2020 年）

究的，《易传・系辞上》“易有太极，是生两仪，两仪生四象，四象生八卦。”太极即为天地未开、混沌未分阴阳之前的状态。太极分阴、阳二仪。它是宇宙衍生阶段的最初形式，衍生万物的开始。“太极第”或许寓意为古村最初的府第，据查，现在古村最老的建筑就在中门楼内，古村就是从这里繁衍生息，开花结果的。

寺庙祠堂

古寺庙　旧时阳山洞这片庙宇较多，每个村庄都供奉着不同的庙宇，称“阳山五庙”。其中古村何族人供奉的庙堂为“三圣庙”，供奉天君、文曲、财神“三圣”。据传，庙堂建于明代，那时香火不断，成为当地的一处胜景。原址在伏牛山西麓，位于南面土陂河的山隅中。解放后，破“四旧”时被拆除，如今仍有断垣残砖可寻。

何氏宗祠　位于古村落西北，是古村何氏族人几百年来的政治文化中心；原为“宗源会”旧址。始建于清朝康熙时期，道光时期进行过整体维修，2006 年再一次整体修缮，保持原来古建风格。宗祠宏伟壮观，占地面积 400 余平方米；坐北朝南，依山而造，伴水而建。是古村开展重大事务的集聚地，如祭祖、研究和处理村务大事、红白喜事等。清朝末期、民国时期是古村学堂所在地，抗日战争时，参加李木庵在东镇乡举办的“东镇乡抗日自卫干部训练班”的何昌彬回村后，在宗祠开办夜校，用通俗易懂的方式向村民宣传抗日救国道理，学习军事理论，进行军事操练。1958 年在此设立料材小学，周边的孩子都在这里学习直到改革开放前夕。何氏宗祠现已成为桂阳县乡贤文化教育基

何氏宗祠（2005 年）

地。2016 年桂阳县好人好事新风讲习活动在这里开讲，并在这里表彰了阳山村一批敬业尊老、热心公益的好人好事。何氏宗祠定为“桂阳县乡贤文化教育基地”和“新风文明讲习所”。

宅第民居

古村现存古建筑始于明代，清朝康乾盛世期间古村已具规模，道光年间、民国期间又有所增建。

建筑形式 包括住宅、杂房等，是古建筑的主体。其中，住宅有单进厅、两进厅、三进厅和并排等 4 种形式，以单进厅形式为主。

单进厅 就是农村说法的“四方三间”式建筑，它是农村古建比较常见的一种正屋建筑形式。此种形式的建筑格局为：正中一间开大门，大门进去是大厅，大厅高大、宽敞，大厅后为道储，一般为农村放置家庭常用物处；大厅左右两边各一间，每间都用木板或砖头从中间部位隔成前后两间。前面这间为伙楼（客厅），后面为睡房（卧室），每间伙楼开有侧门，伙楼的人可以不从厅屋大门出进，增加了进出的便利性。古村的太极第就是这种格局。

二进厅 是在一进厅的基础上增加了一个下厅，分上下二厅，为便于采光和屋檐水的分流，在上下厅之间设有天井。下厅设有中门，中门两边有过道，平常时候中门是关

民居屋脊（2020 年）

闭的；只有来贵客或家里做红、白喜事时，中门才打开。下厅要比上厅短。下厅的两边设有伙楼和睡房，也称厢房。《西厢记》中引用唐代元稹“待月西厢下，迎风户半开。拂墙花影动，疑是玉人来”的诗句，诗中的“西厢”指的就是下厅西边的厢房。

上厅结构与单进厅大致相同，比下厅宽大。上厅为家庭主要活动区域，也是举行重要仪式之所，是家中最为尊贵的地方，在旧时父母和长兄一般住上厅。

二进厅一般为富有家庭，古村的滴水穿石屋、继美东阁屋等就是这种格局。

三进厅 由上、中、下三个大厅组成，是更为复杂的建筑，古村现存只有一栋叫“三厅大屋”。三厅大屋，厅厅结构各不相同。下厅、上厅的结构与单进厅基本相同，下厅后面道储部分中间设有通往中厅的中门，上厅则完全是与单进厅相同。中厅的正厅设楼阁，一般是子女的书房和绣楼。左右两边同设伙楼与睡房，道储部分有通往上厅的中门。厅与厅之间前低后高，都开了侧大门和过道，设了屋檐滴水沟，但没有设天井，屋内采光全靠高低错落的位置设计。

并排 是将正屋与厢房相并的一种建筑形制。正屋有单进厅、二进厅及三进厅，厢房或是在左，或是在右。古村旧时，一般是兄弟多或者是子女多的家庭，才建筑这种形制的房子，便于一家人住在一起，营造出其乐融融的家庭氛围。如孝廉方正屋等。

建筑特色 阳山古村留存下来的古建筑基本上为徽派建筑风格，灰墙黛瓦，硬山

并排形制的房子（2020 年）

顶，马头墙，体现了历史上“湖广填四川，江西填湖广”的人口迁移所带来的建筑文化的传播和渐染。阳山古村古建筑特色主要体现在造型、雕刻、对联匾额、天井4个方面。

阳山古村古民居造型在“屋”，屋的外形设计在于“墙”，墙面灰缝线条整洁而凸起，纵横有序，马头高耸，飞檐翘角。大门设计大气，与厅堂的高而阔相互映衬。前后檐口都有精美的图画和诗文。房屋在修建时，要综合地势、朝向、山水、主人性情、资产状况、文化修养、宗教信仰等因素，既表现主人性格特点，又体现工匠高超技艺。

古民居的精致可从门、窗、柱椽、檐口、照壁的花卉鸟兽人物浮雕上看出，每栋古民居的柱椽、照壁、檐口、马头翘角、门楣、窗楣都有精美纷繁复杂的花卉、飞禽走兽浮雕，厅堂及门面多采用照壁、中堂、屏风方式装修，照壁有砖木结构和木结构，中堂一般为木结构，雕有花卉、飞禽走兽，中堂和门面柱椽下有雕刻精美的石鼓垫，棋筒木椽上都刻有浮雕。窗棂采用万字格、七字格图案，做工精巧，屏风大气精致。古村的古建筑栋栋皆有“户对”，且形态各异，有圆形、四方形、六角形、长扁形；有前后多边形中间瘦小的；有的是在圆柱形的周身上雕满如祥云、蝙蝠、彩带、葫芦、花朵；有的是在户对头前部刻有八卦图、寿图、太极图、人物图案；有些雕刻的精美图案是一块一块拼装在户对上；还有些是镂空雕刻的神龙图案等。有的保存完好栩栩如生，也有些经岁月侵蚀已磨灭难辨。户对除了有镇宅装饰的作用外，还是宅第主人身份、地位、家境的重要标志。户对上往往雕刻有适合主人身份的图案，有官家身份的，户对多为六角印形、粗壮而刻有吉祥物等，经商人家的户对通常是刻花草，普通人家的户对通常只刻八卦、太极图案。

对联匾额在古村比比皆是，绝大多数民居厅堂照壁上面正中悬挂着匾额，两边则挂有木制对联。比较有名的匾额有“学海渊源”“佩印堂”“科名连捷”“声振骠骑”“继美东阁”“梅阁扬休”等，而且多为金字匾额。木制对联则有“家声不坠唯端品，壮志欲酬必读书”“泮水掇芹香久钦雅望，蟾宫沾桂馥特膺殊恩”“鸠杖国家鸿开甲第，鹤筹海屋燕贺庙堂”“四马门兴四杰华堂占佩印，五鸠杖刻五旬寿母祝添筹”“俎豆承先祖，诗书裕后昆”“宽容诚厚重，和气致祯祥”等，对仗工整，寓意隽永，启人心智。

天井亦是古村古民居一大特色，在二进厅、三进厅、并排的古民居中设有天井，有的天井在厅堂，有的天井在厢房，大小不一，样式各异，其作用主要是排水、通风、透气、透光。

“禁戒会”旧址 位于古村落北，三厅大屋东面，原为古村“禁戒会”会址。在20

阳山古村牌匾（2018 年）

世纪 70 年代知识青年上山下乡时，为村里的知青居住地。

古民居为清朝中期建筑，砖木结构，为二进厅形式。房屋高大，宽阔，屋檐、户对、窗户都有精美的雕刻。

相传早年此屋居住的都是“禁戒会”的元老，他们一生正直，为何氏家族的发展和繁荣，打下坚实的文化基础，为古村几百年的美好家风传承立下汗马功劳。他们一心为公，舍小家为大家，敢于从自我开始，严守村规戒律。在“禁戒会”成立之初就立下誓言：“家法不认亲疏，刀砍无论骨肉。”确立条例，让家族的管理有据可循，使古村几百年来，民风淳朴，乡邻和睦。

“重九会”旧址 位于阳山古村落的西边，是清朝嘉庆年间建筑，它是阳山古村唯一的一栋三厅相连的大屋。房屋由正屋和厢房组成，形成三厅六院，正厅有中门通道，厢房有腰门相通，厅厅院院相通，但都有中门相隔，如果中门关闭，则又形成一个独立的门户。

房前屋后的屋檐下都有精美的塑雕，厅与厅之间前低后高，形成落差，便于后面的房间采光通气。正屋的下厅照壁上有“学海渊源”匾额，通往中厅的中门上方写有“披雾读书”匾额。中厅为上下二层，上层是孩子们读书研经之地，下层的照壁上左边有麒麟、凤凰的雕刻，右边有鲤鱼跃龙门的雕刻，寓意子孙都是凤毛麟角聪秀之才，同时都

“禁戒会”旧址（2020 年）

能鱼跃龙门，为官为宦。通往上厅的中门上方原来有题字，由于年代久远现已模糊不清。上厅宽敞高大，有藻井；照壁上有“梅阁扬休”匾额和“家声不坠唯端品，壮志欲酬必读书”木质对联。

这栋大屋是古村何氏十七世孙何富文所建，其孙举人何世梁在清朝同治年间于此屋成立“重九会”。

何世梁于清朝同治十一年（1872）考中举人，官授守备。有一年天灾，村民收入减少，很多老人小孩面黄肌瘦。何世梁回乡探亲时发现这一情况，便组织村中户老成立了“重九会”。自己捐粮捐钱，并号召村中富户踊跃捐助。制定救助办法，建立义仓，对鳏寡孤独疾患者和受天灾人祸者进行救助。“重九会”的成立深受古村人的称赞，也使阳

“重九会”旧址（2020 年）

山古村家族文化得以发扬，并传承至今。

“梅阁扬休”则源出旧典。“扬休”意思是阳气生养万物，揚，通“陽”。“梅阁”出于“思梅再任”典故。南朝梁人何逊（约472—约519），字仲言，以诗闻名，酷爱梅花，何逊吟咏于梅下。后移官居洛阳，思梅不已，因求再任扬州。何氏后人多以梅阁代姓。

“救婴会”旧址 位于“声振骠骑”屋右边，为清朝中期建筑，曾经很长一段时间成为危房，2020年，村民何昌礼进行如旧修缮。

封建社会时期男尊女卑思想根深蒂固，重男轻女者不乏其人。一些人由于几胎养的都是女孩，就把女婴抛弃，更有甚者直接把女婴溺亡。为挽救这些女婴，在古村先民何植厚倡导下，救婴会于清同治三年（1864）成立。

“救婴会”的成立缘于流传在古村的一个故事：在明末清初，古村人何汉佐刚刚结婚，就被官差抓了兵丁，远离家园。新婚妻子何刘氏年仅17岁，每天都盼着丈夫归来，天天到驿道边打探丈夫的消息，等到的只是清晨的朝雾和夜晚的寒霜。她尽心尽力侍奉公婆。她心地善良，看到路边有遗弃的女婴和本村的孤女，都自己收养起来，抚养她们成人。同时还助寡救弱，帮助那些需要帮助的人。她一生助人无数，名重乡梓，人皆称贤，其恩、其德、其情、其义撼震天地，泣惊鬼神。她的善举名扬四方，大家都叫她恩德婆婆。她死后，后人在她坟头上放置一个用石头凿成的石瓮（“瓮”在阳山方言中读“恩”），以记其恩德。

清朝同治时期在外行医多年的村民何植厚，返乡回家，在村中听闻了恩德婆婆的传奇故事，有感于自己在外行医多年来所看到的一些女婴被抛弃的现象，捐钱捐田牵头成立了救婴会，并把自己的医馆改成育婴堂，专门让人照顾那些被遗弃的女婴。

救婴会旧址（2020年）

"救婴会"的成立，让古村女权得到改善，也为古村人开启了一扇新的窗口，让世人懂得"大爱无疆，众生平等"。

继美东阁 位于古村落北，大厅照壁挂有"继美东阁"匾额一块，匾两边挂有"泮水掇芹香久钦雅望，蟾宫沾桂馥特膺殊恩"的木质对联。据考证，这副对联是兄长写给何其高的。何其高，清康熙时曾任《桂阳州志》编纂、湖北蒲圻训导学正。这副对联引用了两则典故。上联中"泮水掇芹香"来源于《诗经》中《泮水》一诗的首句"思乐泮水，薄采其芹"，"掇芹"就是考取秀才；下联中的"蟾宫沾桂馥"出自"蟾宫折桂"的神话故事，蟾宫即月宫，折桂即折取桂花。科举时代把"攀折月宫桂花"比喻应考得中。横额"继美东阁"，"东阁"即东厢的居室或楼房，"继美"意为承继前人之美德。

此房分上下两厅，两厅中设有木质中门回廊，据说，以前的中门常年关闭，只有在迎接贵客和办红白喜事时才打开。中门内设有天井，天井由石条和石板砌成，天井内有一厚青石板，青石板上雕有古铜钱纹饰，使天井像一个长形的"回"字。"回"字中间的空隙底石板上，有数个大小不一的小石洞，深浅不一，最大的直径有 10 厘米，为天井屋檐常年滴注所致，滴水穿石，可见年代久远。天井和屋前檐瓦当上有"福"字瓦当，象征"福从天降""洪福齐天""天降鸿财"。大厅两壁的窗户上雕有琴、棋、书、画等图案，精美绝伦。

孝廉方正 位于古村落西，墙角青砖上刻有"道光八年"字样，大厅高大宽敞，厅

继美东阁（2020 年）

孝廉方正（2018 年）

壁正中挂“孝廉方正”木质匾额一块，其下原挂有大幅画轴，画轴两边为木质漆联，墨底金字，上书“鸠杖国家鸿开甲第，鹤筹海屋燕贺庙堂”，书法苍劲有力，浑然一体，显然是出自名家之手。下设条案，条案与照壁同宽，厚约 10 厘米，系质地坚硬的珍贵木材加工而成，沉重无比，案前摆八仙桌一张，桌子四面，配有两张官椅，两条条凳，堂两边设有案几。厅堂高大宽敞，给人以严威之感。清朝四品官何煌祖居。

太极第 位于古村落西，成于清朝道光年间，建立时间较早，同其他古居一样，门框上装有一对挂灯笼用的圆木“发余”（也叫户对），即“兴旺发达，岁岁有余”。“发

太极第（2020 年）

余”上刻有阴阳八卦或太极图案，或精美雕花，避邪招祥，也象征天地一体，造化阴阳，门两边有精美窗雕，造型各异，藻井已毁。照壁挂有木质对联一副，上书“四马门兴四杰华堂占佩印，五鸠杖刻五旬寿母祝添筹”。据考证，这是一副寿联，是曹书洛写给姐姐曹书甄的。曹书甄是何煌之妻，生有 4 个儿子。上联中“四马”“四杰”就是夸曹氏生的 4 个儿子有出息。下联中的“鸠杖”是指一种带有鸠鸟形饰物的拐杖，是古代尊敬老人的标志。

余庆堂 位于古村落中间，孝廉方正屋的东面。房屋为单进厅结构，青砖黛瓦，木质雕花精美绝伦。是阳山古村唯一保存着完美的神龛的古建筑。神龛正上方有金质的“余庆堂”三字，两边有镂空雕刻的一副对联，上书“俎豆承先祖，诗书裕后昆”。神龛的上方悬有写着“学海渊源”的匾额一块。

“余庆”出于《易传 · 文言传 · 坤文言》，原句是“积善之家，必有余庆，积不善之家，必有余殃”。意思是指修善积德之人和家庭必然有更多的吉庆，作恶坏德的人和家庭，必有更多的祸殃。谓善行多福，劝人向善。

何佃故居 位于研经第东侧，现为何文明、何小明住房。是古村明末清初建筑之一，其形制结构较清朝中后期建筑小巧。

何佃，何天禄之三子，字起莘，号玉轩，生于明嘉靖二十一年（1542）。自幼冠以奇童之名，潜心攻读《尚书》。孝父母，尊兄长，谨慎对待村中亲族乡党。为人忠厚直爽，不喜欢交夸夸其谈的朋友。19 岁中举人，为当时“桂阳三俊杰”之一。嘉靖四十五年（1566）秋，有山贼攻到桐木冈，他协助州中父母官，用计退贼，贼退后又提立营保州城和用兵之建议，以图州城长治久安。可惜英年早逝。

何亨庆故居 位于古村槽门左后方，梅阁园门入口处。为二进厅形式，但又不同于其他二进厅古建，中间没有天井，只有一条尺余宽的滴水沟连接上下两厅。前厅的照壁上方有“佩印兆之”四字，寓意子孙将升官封爵。后厅高大宽敞，照壁上方窗棂的雕刻都已损坏，匾额也只存有一个方框，精美的雕花不知去向。

相传此屋是古村孝道先民何亨庆祖居。阳山古村历来都重伦理孝道，尊老爱幼。百善莫先于孝，百行莫大于孝。孝道讲起来容易，做起来难。尤其是对家境贫寒的人来说，做起来就更加困难。据古村何氏宗谱记载，何亨庆 4 岁的时候母亲就已经病亡，是祖母节衣缩食把他拉扯大。成家后“遂专任祖母养”，也就是专门抽出时间来照顾祖母。他自己虽然贫寒，但给祖母吃的粮食，必须是自己除净沙粒泥土，精心舂凿的好米；给祖母吃的菜，必须是自己细心烹饪，适合祖母口味的菜肴。冬添寒衣，夏扇凉风，一心一意照顾祖母。有年冬天，天降大雪，祖母咳嗽想喝蜂蜜，亨庆无钱购买，只有不顾天寒地冻，翻山越岭寻找蜂蜜，找遍了四邻八乡，终于在深山老林的一个树洞中寻到一个蜜蜂窝，他挖取蜂蜜，急忙跑回家，让祖母喝上新鲜蜂蜜。就这样何亨庆尽心尽力、专心致志地侍奉祖母，直到祖母去世。

祖母去世后，父亲也渐渐地衰老了。何亨庆又是一如既往地像侍奉祖母一样敬养父亲，行孝两代，长达半个世纪。他风雨无阻，礼义周全。如果没有坚定的信念，没有恒心意志是办不到的。他的事迹在古村广为流传，不断激励后代。

何富莲故居 故居位于古村落东面，为清朝中期建筑。属单进厅形式，砖木结构。其户对、窗棂、藻井都有精美的雕刻。

何富莲，阳山古村先民，生于清朝嘉庆年间，道光八年（1828）乡试中举，增补宁乡知县，后任衡州学正。他满腹经纶，才高八斗，清正廉洁，为官一任，造福一方，深受地方乡民的爱戴，官声远扬。为此，湖南学政特赐“学海渊源”匾额，以表彰其学识渊博，为官清廉。“学海渊源”为墨底金字匾额，悬挂在大厅正前方的照壁上，落款处有“道光二十七年夏月湖南学政梁同新赠赐”等字样。

何富莲卸任回乡后仍然发挥自己的余热，为村中诸会献计献策，完善“六会”章程

何亨庆故居（2020 年）

何富莲故居（2020 年）

条例，并捐资捐物，充实会资，为乡民排忧解难，深受族人敬重。

何淳厚故居 原为清翰林孔目何淳厚住宅。此居厅壁正中悬挂墨底描金“佩印堂”木质匾额。当近距离观看时，就会看到描金字里间有梅、兰、竹、菊的绘画。梅、兰、竹、菊有“四君子”之称，这是何氏先祖要求族人为人做官都要有君子风范，诚信做人，廉洁做官，真正做一个能“为天地立心，为生民立命，为往圣继绝学，为万世开太平”之人。

“佩印堂”源于何比干。《搜神记》讲汉朝征和三年（前 90）的一天，天降大雨，何比干在家休息，睡眠中梦见门前停满了贵客的车马。醒来后见一个 80 多岁的老婆婆进门要求避雨，比干热情地将老婆婆引进屋里。奇怪的是当时雨很大，老婆婆的衣服却没有沾上一滴雨水。雨停后，比干送老婆婆到门外时，老婆婆说：公先祖有德，你也有德。如今我赏赐你策杖，广荫你何氏后人。于是从怀中拿出 999 枚策杖给比干，并且说子孙佩印符者必荣华富贵。后来何氏家族便以“佩印堂”来激励后生。

何世俊故居 此屋为二进厅结构，大门前为拱门干巷，门内两木立柱把上下两厅分开。两厅之间有天井，厅内呈“回”字形，天井内有“滴水穿石”的石洞十余处。

此屋还关联到一段励志传说。相传何氏家族祖上有一个叫何世俊的人，生得威武高大，力大异常，但为人憨厚老实，悟性不高，外出学武总是不得要领，跑马、射箭总不让师傅满意。师傅经常罚他杆背靶子、运刀具、牵马等粗重活，于是他就被人戏称为“靶子客”。常被师傅打骂，也常被师兄弟取笑、奚落。正当他心灰意冷，丢弓剁箭，并发誓不再学武时，被他叔父知道，把他带到此屋天井前，要他看着天井中的石板，并用

何淳厚故居（2020 年）

何世俊故居（2020 年）

手指了指天上和天井石板。何世俊开始不明就理，苦想一番后，顿时醒悟到："滴水尚能穿石，铁杵也能成针，我为何不能学成武艺呢？"后经发奋努力，终成一代武术大家，建功立业。

革命烈士何金金故居 位于古村落东南，田洞里"艮所书院"右后方。此屋为单进厅形式，房屋出檐和门墩石都不同于古村其他建筑，两边金字出檐是用砖头一层层往外叠加而上，中间的木梁有精美的雕刻。石凿的门墩较其他古建小而矮，户对像一方雕刻精美的印章，盖在门框上，大门的上方窗棂窗花玲珑精致。大厅宽敞高大，照壁为镂空窗棂形式，高雅大气；上方有"柏台焕彩"匾额一块镶嵌其中，"柏台焕彩"也有旧貌换新颜之意。

相传何金金祖上一向节俭，一件长衫从结婚穿到终老，平时总舍不得穿，每逢年过节，贵客临门才穿一会儿，一般总是穿着补丁叠补丁的旧衣服。吃的也是稀饭加红薯等杂粮，过年杀猪留下的肉从年头吃到年尾，平时只是夹起肉在嘴里过一下，闻闻肉的味道。可对自己的父母长辈却是服侍得周周到到，从不苛刻长辈，好东西总是先让父母长辈先尝、先用。对父母长辈的要求，则有求必应。对待小孩从小就教育他们勤俭节约、尊敬长辈、热情好学。在屋主人的勤劳俭持下，很快就筹集建房资金，把自己原来的小厢房改造成大伙房，在房子建好时请人题"柏台焕彩"四字，做成匾额镶嵌在厅堂照壁上。寓意着自己的家族焕然一新，越来越好。何金金长大后，看到清末民国初封建社会的腐败，毅然参加革命队伍成为郴桂边游击队队员，并英勇牺牲。

革命烈士何金金故居（2020 年）

学堂书院

艮所书院　位于民俗博物馆东面，是现在阳山村村委会所在。此屋与民俗博物馆一样是 2005 年在旧址上复修的。

艮所书院是先祖何天禄辞官回乡，于明嘉靖年间所建造的一座教书育人之第，也是古村何氏第一所私塾学堂。前期的先民都是到桂阳城或者别的姓氏私塾读书学习。

艮所书院开办后，何天禄一心扑在教书育人上，他的学生很多都考取功名，一时间声名远播，成为桂阳当时有名的书院。当时何天禄有《艮所诗文集》四卷传世。现今大部分失传，只有小部分遗作传世，如《潮水庙记》等。

“议学会”旧址　位于中门楼前面，是现存的明末清初古民居之一。也是原来“议学会”会址。由于年代的久远和年久失修，有部分院落被毁，后厅照壁上写有“佩印兆之”四字，西边侧门上有“研经第”等字样。

此屋的建筑结构不同于其他古建，厅堂上方无藻井，房屋相对来说比较矮小。它由正屋和厢房组成。

此屋相传是古村先民读经习史之地，好像今天的农家书屋。这里诗书、经学、史册应有尽有；年轻、年老的学究们经常在这里研习经文，考究史实。大家相互作题解答，遨游在“经”山“史”海之中，相互勉励，勤奋学习，努力让自己能力才学猛进，考取功名，造福社会。从这里走出了何氏家族一代一代的读书人，也为古村优秀的文化传承添砖加瓦。

“议学会”旧址（2020 年）

“女儿会”旧址（2020 年）

“女儿会”旧址 “女儿会”俗称“绣楼”，是古代女子绣花、唱玩之所。此古居建筑位于古村落中间偏西，余庆堂右前方，原为“女儿会”旧址。

在封建社会时期，妇人女孩地位低下，讲的是“三纲五常”，提倡的是“女子无才便是德”。女子们足不出户，深养闺中，不能与陌生男人见面，也不能与陌生男人说话。一般在成年后，由父母之命、媒妁之言，草草而嫁，这也成了古代女儿们婚姻的铁律。

在“女儿会”成立后，阳山古村妇女权益得到一定的改善。一些开明的父母也尊重女儿们的选择，让她们读书识字，也可以在隐蔽的环境下看看男孩们的长相，提出自己的看法。于是就建造了这样一座二层的绣花楼阁，供村中女孩们读书、唱玩、习女红、绣花等。同时每当要选择女婿时也可以让女儿们从绣楼中透过窗格物色意中人。这是古村先祖们维护妇女权益的一种体现形式。

研经屋 位于古村落西，大厅等已毁，书房尚存，书房门罩上镶有“研经”二字，由明清瓷器碎片拼粘而成，“研经”二字中间绘有一些饰物，似“中国结”，墙壁由木炭、石灰、糯米、豆浆等混合物粉刷而成。上部绘有兰草，屋檐上有各式精美彩绘和诗词，如“物理人情自可明，何尝戚戚向平生；卷舒在我有成箕，用舍随时无定名”“新丰美酒斗十千，咸阳游侠多少年”“山不在高，有仙则名；水不在深，有龙则灵”等，并配有一些田园山水图案。

研经屋（2018 年）

“研经”原为研读经史的学习场所，门槛条石由人工精心凿制而成，平整光滑，地面铺有大块青石板，石门框光滑如镜，刻有各种图案，充满生气和雅趣，墙面由青砖砌成，已逾百年，其墙灰缝饱满，结构井然。大厅挂有“研经第”匾额一块，两旁为双层镂空木雕，右书“福溯东海远”，左书“泽流庐江长”。

此民居是革命烈士何昌仁出生处。

柏台　位于古村落东部，“柏台”原为男孩学习经史之地，“柏台”是御史台的别称，清朝时亦称按察使。“柏台”二字刻在厢房门罩上，古村人称门罩为“莲棚”，门罩大多为元宝形，象征“招财进宝”，相传门罩上刻一“镇符”，用于驱魔辟邪，后逐渐演变成吉祥物，象征房主的希冀，现多偏重装饰功能，以显示主人的自豪与荣耀。“柏台”一般是房主长子的书房。住在里面自然多了一份自豪，一份激励，一份寄托。

梅阁　即古时女子的闺房，因同是一房主所建，建制与“柏台”类似，门罩上亦有精美装饰，是古时女儿们织绣、生活玩乐的地方，临街而建，旁有小溪终日长流。

梅阁也是何姓的代称，来源于一个“思梅再任”的典故。《夜航船》里说：“何逊为扬州法曹。公廨有梅一株，逊常赋诗其下；后居洛，思梅花不得，请再任扬州。至日，花开满树，逊宾醉赏之。”何逊为梅而宦游，梅为何逊而盛开，花人两相知，传为佳话。于是何氏后人也有了以梅阁代姓的沿袭。梅阁在阳山何族的另一层意思是：梅本北方岁寒之物，后移栽南方并遍及大江南北，喻从北方迁来的客家何氏，要自强不息，与时俱进，适应新常态。

柏台（2018 年）

梅阁（2018 年）

古客栈　也叫驿站，位于古村落东北面古驿道边。相传在那靠走马、徒步生活的年代，这里是人们换马、休息住宿的地方；这里长年茶水不断，累了、渴了的人们都在这里小憩一下，喝口茶聊聊天，赶走一天来旅途的烦闷，赶上天黑，大家就在此歇脚住店。这里有酒肆、旅店。这个地方小地名叫“酒杯门下”，是人们喝酒聊天之处。由于时代的变迁，酒肆、茶馆不复存在，只有古客栈还在讲述那沧桑的历史。

古巷　阳山古村巷道呈五纵、八横分布，都由青石或鹅卵石铺垫而成，巷巷相通，平整宽阔，石阶依地势铺就，既便利通行，又清幽静谧。

石巷（2020 年）

另外，阳山古村的巷道还有一个明显的特点，就是无论纵向巷还是横向巷很少有直通到底的，总会在某处有点转折，或有点遮碍。依老辈人说法，这也是为了聚气藏财。当然，今天来看还间夹有建筑的依形就势方面的考虑。这种处理的结果是：使阳山古村的巷子变得更加幽深曲折，尽显曲径通幽之妙。漫步村巷之中，独享那份清幽与古朴，这种曲折会时常引发你“山重水复疑无路，柳暗花明又一村”的忧喜跌宕，和“小楼一夜听春雨，深巷明朝卖杏花”的情感起伏和诗意联想。

古桥 阳山古村有一条小溪由东北向西南曲折而出，古村人称“龙沟”。龙沟上有砖石砌成的小拱桥 2 座，石条桥 5 座。这些桥就像是一根根伸向外面的触须，连接着家居与外面的世界，又仿佛是这些家居的露台，晒出了村民的诗意栖居。村前原有木质平板桥 1 座，现已毁；村西北有清朝雍正年间建的石拱桥 1 座，名小庙桥，是桂阳至广东古驿道必经之桥。2004 年因洪水冲毁，现在只存遗迹。

古树 古村历来对风景林木及后龙山森林的保护看管很严，严禁砍伐，旧时古村风景秀丽，古木郁葱。解放后，因当时政策指导，村民保护意识不强，而遭砍伐。现存古松柏 1 株在村落东南，古枫树 5 株在村东和村北，古白腊树 2 株，分布于村东和村西。何氏宗祠旁，有 2 株百年古榆钱柳（也叫大叶柳）遥相呼望，村后龙山上有大片原始次森林，枝大叶茂，郁郁葱葱，古木繁多。据林业部门普查，古村原始次森林中，有珍贵植物 26 种 17 科 23 属几百株。

古村门桥（2018 年）

千年重阳木（2019 年）

百年枫香古树（2019 年）

抗日战争时期阳山党支部旧址　位于古村落东面，“学海渊源”屋前左的位置，是清朝晚期建筑，青砖、土砖、木料混合结构。此处原是举人何富莲的书屋。楼上楼下满壁是绘画书法，有李鸿章、曾国藩、左宗棠、何绍基、陈士杰等清朝中后期名人墨宝。有人说是真迹，也有人说是临摹，但无从考证。可以考证的是陈士杰与本村先民四品官武举何煌有渊源，何煌与何富莲为同时期人，又是村中同辈兄弟。

厢房原来东面有丈余高、尺余厚的围墙围着，只有后门能进出。此地也是何富莲家其他兄弟们练武之地，此地还流传着一个故事。

当年何富莲有个兄弟叫何富蕙，是个武术大家，一身功夫远近闻名，但从不恃强凌弱，到外面也很少出手，很多人想拜师于他，但都遭到他的拒绝。他收徒严格，常说：学武之人遭人打，没有好的隐忍之心，将会贻害乡邻。为此，他宁愿自己的武学失传，也不乱教学徒。

一天何富蕙在家休息，一个叫花子讨饭到他家，何富蕙叫家人给米一升，叫花子不接，总在屋前不走；后来富蕙叫人给米一石，叫花子又说米太多没地方装。富蕙知道这人是来找茬的，便随手一挥，就把叫花子送出围墙。墙外传来声音说：多谢师父赏掌，够了！够了！何富蕙才知道叫花子是来偷学拳艺的。从此，叫花子偷拳的故事在当地流传开了。

中国共产党成立后，阳山村革命群众踊跃参加各项活动。这个地处村边又相对封闭的厢房成为革命党人首选的秘密联络点，共产党人何昌仁、李定国、李伟等人在土地革

抗战时期的阳山党支部旧址（2020 年）

党支部旧址墙壁尚存的画作（2020 年）

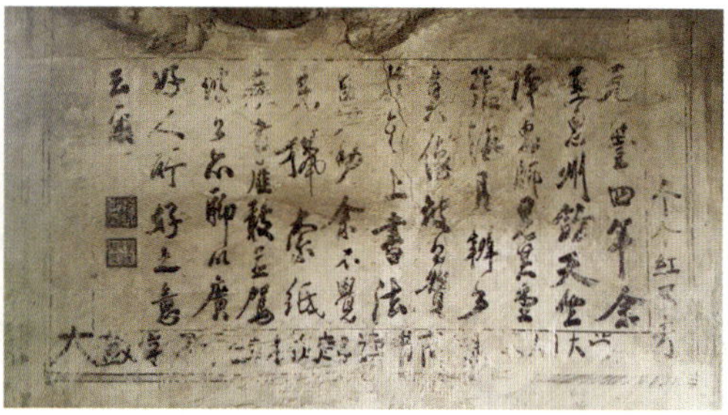

党支部旧址墙壁尚存的书法（2020 年）

命时期经常在此联络信息，传递情报。1938—1940 年冬，为加强中国共产党对抗日战争的领导，桂阳县委在此设立抗战阳山党支部，李振兴任支部书记，秘密与谷子元领导的湘南游击队进行联络。已故的何昌作、何昌红等人，经常从这里把情报送到黄茅洞游击队总部。东厢花屋承载了又一份特别的红色传承。

◉ 古村保护

阳山古村向来比较重视对传统文化的保护，自元朝末年由庐江郡迁徙而来，虽经历五六百年，村落没有乱拆乱建，基本格局保存完好。古村内近 60 栋明清古建筑，“依山造屋，傍水结村”的规划布局，“虚实相生”的空间组织，“六会”为载体的民俗风情，无不体现了古代先祖“天人合一”的生态智慧和儒家“中庸”思想，蕴含传统哲学的审美观念。

由于年深月久，阳山古村的有些建筑已损毁严重，瓦漏墙歪，梁折柱裂，再不进行抢救性修复与保护，将会造成不可挽回的损失。为此，2006 年后，阳山古村村组向上级申请，在资金有限的情况下，根据轻重缓急，以“保护为主，抢救第一，合理利用，加强管理，传承发展”为基本思路，按“修旧如旧”的修缮原则，分期分批对古建筑进行了维修保护。充分尊重村落的布局结构、街巷格局、历史遗存等人文环境。使维修后的古建筑，能够最大限度地保持它的“原始的历史信息、文化内涵及真实的历史风貌”，切实保护了古建筑的原有风貌，提升了村落的整体品质，使建筑及其环境既保持风貌特色，又符合现代生活需求。

保护规划　2017 年 2 月，桂阳县正和镇阳山古村被列入第四批“中国传统古村落”。同年在县、镇两级政府及住建局、文物局的支持下，由深圳市新城市规划建筑设计有限公司编制了《郴州市桂阳县正和镇阳山村传统村落保护发展规划》，使古村保护工作有了具体的目标和方向。

规划以群山、水系、传统村落、田园为基本构架，把阳山古村核心保护范围确定在以研经第为中心，北面抵伏牛山，东西以保存较好的历史建筑为界，南以太极广场为界，面积 22900 平方米。规划划定处作为长期保护对象，提出保护和传承阳山传统村落的历史文化，保护好自然历史文化资源，保护和恢复传统村落自然人文特色和历史文化环境，充分挖掘其文化内涵，使之成为展示中国湘南民俗风情大舞台的历史文化名村，

古村水韵（2014 年）

促进阳山古村社会经济文化可持续发展的总体目标。

保护方案 2017—2020年，主要关注保护和抢救面临破损的文物古迹、历史地段、传统建筑，搬迁拆除破损、影响村庄风貌的建筑，适当进行村庄风貌整治，进行基础设施建设等工作，为阳山古村保护总目标的实现奠定基础。

2021—2030年，全面整治改造，完善传统村落格局，适当整治古村落风貌，严格执行文物古迹的保护要求，协调保护与利用的关系，使阳山传统村落保护与村庄经济建设协调发展。

整治土陂河河堤（2020 年）

为落实《郴州市桂阳县正和镇阳山村传统村落保护发展规划》要求，桂阳县人民政府制定了《古村落保护管理暂行办法》，对传统村落保护做出具体的规定。通过深化分期规划内容、落实实施责任、健全规划实施的评估衡量标准、建立社会投资机制、保障

整治土陂河河堤（2020 年）

对传统村落的各项保护与建设资金供给、设立政府专门低利率借款及补贴、建立管理层逐层到村民的各层检查和报告制度、设立专门的传统村落保护机构、加大传统村落保护宣传、鼓励公众参与、加强人才的培养和引进、坚持打击破坏传统村落的不法行为等行动，落实古村各项保护工作，使古村保护工作实现科学化、规范化、系统化、常态化。

古建筑修缮 2006 年，桂阳县政府投资 600 余万元，对何氏宗祠、古村博物馆、艮所书院、古村下门楼、村中巷道、损毁的门窗进行修缮和维护，并对梅阁墙体及屋脊进行抢救性修缮。2017 年，料材湾投资 1 万余元对古村门楼墙体、门窗、屋脊、瓦背进行修缮。

2006 年和 2015 年，先后对藏诗楼的屋脊瓦背进行修缮。

2009 年，对田洞里何昌高居屋因西面墙倒塌进行抢救性修缮。

2006—2017 年，村民多次对古建筑的瓦背房梁进行维护修缮。

古建维修（2020 年）

2013 年，桂阳县政府投资百余万元对自修园、围墙及地面进行大面积维修，并对古村大部分古建筑瓦背、房梁等进行维修。

2017 年，湖南省文物部门投资 100 万元对田洞里何建忠居屋及何善高、何善多居屋因墙面倒塌进行抢救性修缮。

2018 年，住房和城乡建设部为保护古村落，投资 300 万元对阳山古村进行消防通道、消防水池水管、美化亮化工程建设。

“和”文化

长期以来，阳山村民坚持以“和”为贵的处世原则，并将其融入到人与自然、人与社会的种种关系之中，实现了自然和谐、邻里和睦、生活和美。

阳山古村村口的门楼上有一副传统文化底蕴深厚的对联：“宽容诚厚重，和气致祯祥”。据传这是何氏祖先流传下来的为人治家理念，是何氏家族家风家规的核心内容，也是600年来阳山村一以贯之的精神脉络。阳山村人遵从做人要宽容、诚实、厚重的人际关系准则，大家生活在一起要和睦相处，共同建设美好家园。强调人要与自然和谐相处，人要与亲人、友人、族人和谐相处，人也要同社会上其他的人和谐相处。这就是阳山对“天人合一”思想的朴素理解，也是阳山传承久远的“和”文化的精髓。在这种传统思想的影响下，“和”成了阳山人立身处世的准则。

阳山村的先民们，在长达600年的岁月之中，一直在探索天人合一的实践理念，构建天人合一的实践模式。庆幸的是，这几百年的成功探索，立体地封存在阳山古村落，并完整地移交到了后人的手上。

◉ 和美乡村

天人合一在阳山古村已不仅仅是一种思想，而且是一种状态，既是一种理念，也是一种方法、一种境界。这一理念在阳山则以不同的方式、不同的格局得到了立体的、历史的呈现。

和美格局 村庄与山水自然的完美融合，形成阳山天人合一的大格局。

阳山古村远傍骑田岭，近靠伏牛山，前有潺潺小溪，后有巍巍高山，山环水绕，绿草成茵，山高林密，土地肥沃，水源丰沛，气候温暖宜人。

古村坐北朝南，村东远山是骑田岭的余脉，是为“青龙高扬”，吉庆绵绵；村西不远处，一座小山横卧，此为“白虎低伏”，寓意镇护村庄而又不危害生灵；村后的后龙山呈半弧展开如枕似屏，名叫伏牛岭，像母牛护犊一样呵护着整个山村；村前一片广阔的平畴沃野，还有一条自东南往西北萦绕而过的潺潺小溪，小溪积水成湖，湖面波平如镜，清澈的湖水时常映出古村的飞檐斗角、马头龙墙。阳山古村就像安枕于一个两边都有扶手，后背还有靠山的舒适的靠椅之中。

每当夕阳西下，湖面布满金光，金光反射到村庄、到后山，整个阳山古村便沐浴在金灿灿的光海里。真有一种“落日熔金，暮云合璧”的超凡情境，人在翠竹清流处，村在青山怀抱中。村落与自然环境形成一道完美的天人合一大风景。

在这里山与水、阴与阳、前与后、远与近、藏与露等都得到了天然的配合，村落这方小天地表现了古人“天地和而万物生，阴阳接而变化起”的辩证逻辑思想。

房与房、巷与巷的合理布置，形成阳山天人合一的小格局。

阳山古村从建村选址，到村庄规划布局，再到建筑工艺等无不遵循儒道两家“中庸和谐”“天人合一”的原则。

古村前低后高，坡度平缓；村内村外，屋前屋后，排水沟或明或暗，纵横交错，即使连天暴雨，村子也不会受到山洪的袭击。街巷全用石板铺成，晴天不燥热，雨天不泥泞。如果是炎热的夏天，游人脱下鞋袜，走在光滑的石板路上，古村清爽的味道便会从脚底传递到整个身心，令人神清气爽。全村街巷八横五纵，贯通村子的东西南北。在村子里走，不用担心陷入迷宫，更不用担心不法之徒来袭。巷道末端都安了槽门，白天敞开，不影响过往行人；晚上关闭，使整个村子形成一个相对独立安全的院落。房与房、巷与巷之间保持着规定的安全距离，几乎每栋古建筑都砌有高大的马头墙，这种看似奢侈的设计既增加了房屋的气势，使房屋更漂亮，又能够阻隔来自邻居的火焰。古村能够完好保存几百年，与这种巧妙防火设计不无关系。村子东边一道沟渠带着山泉水向西南环绕而来，增添了村子的灵性，也便于卫生取水，排浊清污。

村口槽门的石梯呈“Z”字形自下而上，步步升高。据说这种设计一是为避免“邪气”直接进来，二是可以不让过往之人直接看到村内情况，体现了一种含蓄内敛的追求。

村落依山取势，水不滞于内，火不殃于外，在高与低、曲与直、内与外、收与放等方面的处理上，拙中见巧，平中见奇。在村中这个小天地里，处处可见天人合一的和谐配置。

阳山古村现存60多栋明清时期的古建筑，整齐地分布在“井”字形的街巷里。房舍错落有致，结构严谨，屋檐飞翘，雕梁画栋，精致素雅。其中，有许多是江南典型的天井式大屋，独占一隅。即便是在这封闭式的民居里，依然可以从中窥见阳山古村天人合一的格局。天井一般处于大门与上下两厅屋之间，阳光、雨水、新鲜空气都可以通过天井进来；而屋内的火烟、热风、浊气等则可以通过天井排到外面。天井下方是一个集水坑，有暗沟通往屋外，雨水、生活污水则可以通过暗沟排到屋外。很奇巧的是不论雨下多大，小小天井内的积水都从来不会涨溢出来。

小桥流水（2018年）

一栋房屋一般设计一个大门、两个侧门，两到四户有血缘关系的人家同住，甚至也有四代同堂而居的。大门一关，里面就是一个独立的世界，天井就成了这栋房屋的“气孔”，在这个小小的环境里，天井维系着天与地、天与人的联系与交流。

在阳山古村凡是二进厅、三进厅及有厢房紧连正屋的，厅与厅、厢房与正屋之间都会有便于采光和雨水分流的天井。这些天井有的像一个长方形的盆，并与中间的长形方石，共同组成一个长方形的“回”字。天井的一个共同点就是四壁都是用约一尺厚的石条拼接而成，底则全部是石板铺成，但石条与石板间都没有发现用砂浆粘连的痕迹。底部的石板大多都有大大小小深浅不一的滴水洞，这不得不让人感叹那屋檐水的神奇力量。

天井中常常只留有一个小小的洞口，而没有设往外排放积水的水沟，可是每当下大雨时只听到哗哗的水流声，却看不到水是往哪里流走的，而且雨停不久天井中的水就没有了。

这雨水到底是往哪里流走的呢？

这个问题一直是个谜。老人们说：自祖辈口口相传，这天井是聚宝盆，天上下雨流下的水是“天财”，常言道“财不外流”，所以先祖们就在天井下面放有千年灵龟，让它们把这“天来之财”留住，让子孙后代财满、福满。这水也是它们解渴之水。这房子大多都有几百年的历史，究竟是怎样布局的也没有流传下来，这也许就是古人给后人留下的秘密吧。

古民居天井（2018 年）

这样的传说一直在古村村民中代代流传。

直到二十世纪八九十年代，村里一栋有天井的老屋改建，重新挖基础才发现，原来在天井的下面有几条四面砌砖的排水沟，一条总沟略微宽大连接天井的出水口，其他的分沟连接总沟分别将水排到房屋前面的驳岸边；驳岸边虽没有特别的出水口，但因为只用石头堆砌而没有灌砂浆，留下了许多缝隙，积水可以顺着缝隙排到水沟。水沟四面用青砖砌成，又深埋地下，形成密封管道，既美观又科学，几百年来天井和密封管道从来没有瘀滞过。

和美雕饰 阳山民居对装饰物的处理讲究虚实相生，物神相融。

古民居檐下雕饰集锦（2018 年）

例如，门楣上的“发余”大多刻有阴阳八卦或者太极图，雕刻十分精美，寓意压邪气，保吉祥。还蕴含着天地一体、富贵绵长等朴素思想和美好愿望。在天井上方的瓦片上刻上“福”字，屋檐水由此而降，那么降的就不是雨水了，而是“福”了，这一设计，实现了对“福从天降”的创造性图解。天井内的石板上雕刻有古钱币图案，寓意“天降鸿财”。在“佩印堂”的窗花上刻有蝙蝠、龟背纹、喜鹊、铜钱等图案，分别寓意为“福、寿、禧、财”。在门楣上方刻有木雕“鹿回头”，寓意“禄”，图案线条优美、流畅，动感十足，象征“俸禄在上”，也引申为“浪子回头”。

马头浮雕（2018 年）

莲蓬浮雕（2018 年）

不仅如此，阳山古村建筑的书卷气也非常浓厚，不管是“研经第”，还是“披雾读书”“学海渊源”“继美东阁”“科名连捷”等，它们所传承的是何氏先祖“宽容诚厚重，和气致祯祥”“俎豆承先祖，诗书裕后昆”“家声不坠唯端品，壮志欲酬必读书”的耕读传家思想和对科举功名的理想追求，也是阳山文人情怀的生动注释。

古村房梁、屋檐木雕集锦（2018 年）

窗花（2018 年）

精美的木雕（2020 年）

阳山古村房屋上的户对集锦（2018 年）

雕花石礅（2018 年）

雕花石礅（2018 年）

富贵石集锦（2018 年）

和顺兴村

阳山古村的天人合一的思想，不仅指导人们和谐地处理好人与自然、人与外物之间的关系，同样也指导着人们和谐地处理好人与人之间的关系。阳山古村鼎盛时期人口达千人，其中不乏官府政要、社会名流，且经济实力雄厚，在五六百年的历史中几乎没有他们与外姓邻村打杀结仇的印记，他们始终秉持和为贵的理念，并自觉将它贯彻到长期的立身行事之中。在几百年的社会实践中，阳山古村何氏一族形成了一系列稳定的、非常有价值的关系法则，其中最为典型的就是“六会”治村。

对乡村如何进行有效管理，一直是漫长的封建时代人们尤其是官府非常关注的问题。阳山村结合自身实际，探索出了一整套自治的法则，并传承至今。

阳山人为立足本土，开宗立族，进行了包括“尊祖明义，团结互助，耕读为本，扶弱济贫，同心协力，乐善好施，严明戒律”等方面的家族文化与制度建设的探索与实践。

从清康熙到清道光，这里先后成立了以凝聚族人力量的“宗源会”，立规制矩的“禁戒会”，激励族人奋发上进、诗书传家的“议学会”，敬老爱幼、关爱关心鳏寡孤独残疾者的“重九会”，关爱人伦、禁止遗弃女婴的“救婴会”，维护妇女权益的“女儿会”，修路架桥、保护通途的“路桥会”等。这些协会之中尤以“宗源会”“禁戒会”最为重要，它在凝聚全族力量、规范子孙行为等方面起到重要作用。在此基础上逐渐形成了阳山村“六会”治村格局。

“六会”的成立，使阳山村人，老有所养，病有所医，贫有所济。“六会”治村，使阳山村长期呈现出“风清气正、纲纪严明，有恶必惩、有誉必赏，有弱必救、有老必尊，公平处事、赏罚分明”的良好社会局面，并持续地影响着后世，相因相沿，传承至今。

宗源会　“参天之木，必有其根；怀山之水，必有其源；人之有祖，亦犹是焉。”清康熙三十年（1691）阳山村人何其高发起成立宗源会，其父何润为第一任会长。主要经济来源：其一，富户捐资；其二，按人丁派钱。

宗源会功能是敦本宗谊，追根溯源，灾祸救助，奖励孝廉，公益捐助，安排婚丧礼仪，处理族务。宗源会的运作，使阳山村人更加同心协力，守望相助，激发出大家共同建设和谐美好家园的情感。

禁戒会　清康熙五十八年（1719）阳山村人何其华发起成立禁戒会。其功能是禁止一切对家族和社会有一定危害的言论和行为，警告和制止对家族和社会带来不良影响的言行举止，修订村规民约，惩治不良，打击犯罪，让家风、家训、族规、国法行之有效。并强调：在处罚条例面前人人平等，不循私情。禁戒会立有“家法不论亲疏”的誓言。禁戒会的运行，使得阳山村长期以来纲振风肃、子孝父慈，路不拾遗、夜不闭户。

议学会 清乾隆五十七年（1792）阳山村人何裕学发起成立议学会。其功能是弘扬祖先耕读传家美德，崇文重教，让不管贫穷或富有的读书人无后顾之忧，让想读书的人有继续深造的机会，以渊博的学识报效国家，服务乡民。成立之初，何裕学首捐水田15亩，并劝说富裕村民捐资助学，鼓励村民自愿捐献。在他的带领下，村民们踊跃捐赠。每届的议学会会资充足，资助了一代又一代的阳山村读书人。几百年来阳山村能出那么多人才，与议学会的帮扶有着密切关系。

女儿会 清道光三十年（1850）阳山村人何富蕙发起成立女儿会。其主要功能是保护本村媳妇不受欺凌，也要保护本村女儿嫁出去不被欺负；同时也对不孝妇、不节妇予以惩处。随着女儿会会资的不断充裕，该会也开展了对孤儿寡母救济、帮助。会中成员除会长由族长兼任外，其他成员都由村中贤德的妇女担任。会资来源：其一，由宗源会充资；其二，村民自愿捐资。女儿会的成立使阳山村的家庭团结，夫妇互爱，婆媳互敬，妯娌和睦。同时也提高了那个时代妇女的话语权。这在重男轻女的封建社会，无疑是开创了尊重女性权利的先河。

救婴会 清同治三年（1864）阳山村秀才何植厚发起成立救婴会。其功能是保护本村女婴不遭虐待、溺亡或抛弃。救婴会立有严格的条例保护女婴的生命安全，并设有一定金额的女婴养育资助金。该会成立之初，何植厚带头捐献水田一亩四分，并用自己的住房修筑了“救婴堂”。后又游说村中富裕户开展募捐，救婴会很快就筹集稻谷20余石，白银近千两。救婴会成立后，阳山村再也没有出现村民溺亡、抛弃女婴的现象。

重九会 清同治十二年（1872）阳山村举人何世梁发起成立重九会。其功能是敦促族人孝敬父母，敬老、爱老，严禁打骂和虐待老人；重九会每年定期看望和慰问老人，尤其对鳏寡孤独进行资助；在青黄不接之时、天灾人祸之际，还以低息借钱给贫困村民渡过难关。成立之初，何世梁首捐稻谷15石，村中富户捐粮40余石，捐田10余亩。重九会的成立，救济了一批又一批的孤寡老人和孩童，确保了特殊时期阳山村贫穷人家能够度过艰难的日子，对家族的兴旺有着十分现实的意义。现在村中一些田土还有“公公田”“婆婆田”的叫法，也是对阳山这段温暖历史的印证。

重九会会碑（2018 年）

禁戒会会碑（2018 年）

“六会”的成立和运作，使得阳山村村民互敬互爱，相互帮助，团结一心，同心同德，心往一处想，劲往一处使，齐心协力建设美好家园。几百年来，阳山村人始终坚持“以和为贵，共同繁荣，忠君报国，孝悌当先，仁信在心，礼义周全，荣辱与共”的传世理念，让一代一代的阳山人薪火相传，开拓进取，图强拼搏，把阳山村建设成为适宜居住、和谐的美好家园。

现代新“六会” “六会”历时 300 多年，为探求农村村民自治积累了丰富的经验，但有局限性。人民群众当家作主之后，尤其是改革开放踏上新征程，中国特色社会主义进入新时代，社会主义核心价值观的确立、中央八项规定的出台、治国理念的不断跟进，村民更加需要切合当今时代的管理理念与管理方式。

在这一背景下，县乡镇领导组织阳山村“两委”开展新村规民约的研讨活动，其间，邀请湘南学院法学院的师生前来专题调研，湘南学院法学院院长周桂英对新村规民约的制定提出了很好的指导意见。阳山村推陈出新，制定出一套适合当今时代的新村规民约——新“六会”。

新“六会”出台后，村里组织各村村民认真学习领会，并把它张贴到每个家庭，成为广大村民生产生活及社交活动的基本行为准则。

新“六会”推行以来，村民在规范红白喜事、规范建房、孝敬老人、爱护山林、讲究公共卫生等方面，守法意识不断增强，自律性得到了较大提高。争吵打骂、乱倒乱扔、随意燃放炮竹等以前常常发生的现象，现在是少之又少，整个村风村貌得到了较大改善。

新“六会”在参加2020年郴州市二十佳村规民约（居民公约）评选中获得全市优秀村规民约（居民公约）奖。由于村级管理规范，村民文明水平不断提高，村风民风良好，2020年阳山村被评为省级文明村。

新旧“六会”的关系

新“六会”与旧“六会”是新旧两个时代的产物，体现了不同时代村民的价值追求、行为规范和道德伦理，它们之间有传承关系，更有创新关系，主要体现在这几个方面：

名称虽然保留，但内容有所更新的有三个：宗源会、禁戒会、重九会。

如宗源会，旧会的宗旨为“敦本宗谊，追根溯源，灾祸求助，奖励孝廉，公益捐助，安排婚丧礼仪，处理族务”。新会为“敦亲睦族，礼仪教化”和“讲文明、树新风”，并强调“在严格遵守国家法令的前提下”，淡化了封建家族特性，强化了时代文明。

如禁戒会，旧会“其功能是禁止一切对家族和社会有一定危害的言论和行为”，新会“旨在禁止一切对家庭、社区和国家、社会有害的言论及行为，促进良好家风、民风的形成，保一方平安和洁静”，涵盖面更广，要求更加具体。

如重九会，旧会约“敬老、爱老，严禁打骂和虐待老人”和每年定期看望、慰问老人并对鳏寡孤独进行资助，关注更多的是家庭层面的物质生活保障。新会约要求“保障他们的基本生活，关心他们的心理情感，不得长期不闻不问”，并将孝敬老人的意义强调为“维护老人合法权益，促进和谐社会建设”，将家庭层面的行为上升到社会、法律层面，保障力度更大。

名称取消的有三个：救婴会、议学会、女儿会。

救婴会、议学会、女儿会不再保留是时代变迁之必然，如今《中华人民共和国未成年人保护法》《中华人民共和国义务教育法》《中华人民共和国妇女权益保障法》相继实施30余年，因此救婴会、议学会、女儿会之名不再具有保留意义。“三会”包含的互助

“六会”展厅（2020 年）

互爱的救助功能一律合并到新的救助会之中。

名称更换，功能有所增加的一个：救助会。

救助会功能将重九会、救婴会、女儿会等会的资助功能和议学会的助学功能集中起来，并增加了对军属的慰问，突出了对意外灾害、重大疾病的救助，功能更多了，意义更广了。

新增加的有两个：议事会和红白理事会。

议事会强调“大小公共事务必须按‘四议两公开’的程序进行议处”，它是新时期村民自治、村民当家作主的保障制度，具有鲜明的时代特色，是推进基层民主工作的重大举措，这也是封建时代的旧会不可能具有的。

红白理事会是新时期在婚丧喜庆活动中为了引导大家“移风易俗，新事新办，废除陈规陋习”，依法依规，“从简操办”而成立的新会，它既有反“四风”的背景，又融入了新的治国理念等方面的要求，时代特色鲜明，影响更加深远。

睦邻友好 阳山村村民在“和”的传统思想影响下，对村与村之间的关系的处理，也体现了宽容、友善等良好的处事方式。几百年来从没有与周边乡邻发生过重大的矛盾纠纷，更没有兵戈相向的打斗历史。

在清朝、民国时期，阳山村人在外乡拥有较多的田地，周边四乡八邻都有田地出租。每到秋收时期，收租谷都要收一两个月。遇有因特殊情况交不上租谷的租户，地主允许他们可以赊到来年，或用家禽抵租谷（在周边乡村就流传着阳山村地主收租时用鸭子抵租的传说）。如果碰上天灾人祸，阳山村的地主们大多会主动减租减息，从来都不强暴征租。

阳山村人坚守本分，厚道做人，不侵占，不霸道，和谐友好地处理了多起与现在北湖区属下的乡村边界山林权属问题。主动与周边乡村搞好睦邻友好关系，走共同发展、共同繁荣之路，为创建和谐稳定的社会环境贡献了阳山村人的一份智慧和力量。

◉ 耕读传家

躬耕为本 “家有隔夜粮，半夜心不慌。”不论什么年代，农耕社会对粮食都特别珍视，阳山民间教育孩子常常说浪费粮食，会遭“天打雷劈”。而粮食来自土地，对土地的重视和崇拜几乎浸入农民的心骨之中。过去每年插秧前，各村都有一个开秧门的仪式：先由尊长，焚香点烛，放鞭炮，祭土地神，然后由德高望重的长者或家长，至秧田中扯第一棵秧苗，其他人才可以开始扯秧。以此来说明农人对粮食生产的重视，同时也有祈求岁稔年丰的愿望。

阳山村的家风家训中有“事农桑”“渔耕读，乃根本；勤耕作，勿失时”“农必积谷”“农勤于野”等示训。“勤耕”与“积谷”是传统中国社会各个时期、各个层面均关注的焦点，深刻地影响到各个时期、各个层面，奠定了中华农耕文明的传统底色与特质。

“耕牛是个宝，农民离不了。”耕田除了田土，耕牛也显得特别重要，“春日牛耕忙不停，秋天稻谷仓满盈”。在阳山对牛的重视有时还超过了人，开春时给耕牛喂食鸡蛋、板油，过冬时给牛栏铺棉絮，给牛盖棉衣。

人勤，牛快，地肥，年丰，成为农耕时代人们躬耕务本的美好图景。大凡家中只要有一块土地都不会外出谋生，都愿意在自己的一亩三分地里深耕细作，繁衍生息，阳山村各个时期外出从事非农业活动的人几乎没有。良好的水土、气候条件，让他们有了较为稳定的收入、稳定的生活，日出而作，日落而息，丰衣足食，怡然自乐。

阳山村距离县城约 10 千米，各个时期境内都居住着乡间望族，如有 600 余年历史的阳山何氏，明清时期田地庄园达万顷。阳山廖家湾何家村子后面有一个叫“十二伙枞山”的地方，相当于现代的一个会所，入会者必须要有“一仟担租田”的家庭，由此可见当时阳山的农耕盛况。怪不得阳山当地有句民谣“粜米粜谷廖家湾”。

“仓廪实而知礼节”。阳山村在长达几百年的历史中出了众多的乡贤名士，与阳山村丰衣足食的农耕文化密切相关，他们知荣辱，求和谐，知忧患，创文明，留下一笔笔丰厚的文化遗产。

家风传承 阳山何李邓刘侯几大家族，多在明清时候迁徙到阳山，其先祖大都为当时名士功臣，在教育后辈的问题上既各有良方，又有共同的中国传统文化大背景。

阳山何氏一族长期以“宽容诚厚重，和气致祯祥”为待人处事标准，形成了诚信厚道、和气宽容、与人为善、成人之美的优秀品质与自信、自强、开创、发展而又内敛有度的良好心态。强调“敦厚祯祥，诚实守义；处事宽容，邻里和气；事农桑，勤读书，崇文尚武；孝老爱幼，关爱女儿；忌毒禁赌，福安家声”等，成就了备受当地称道的良好家风。

桅杆石（2018 年）

阳山秋晒（2018年）

千百年来，何氏先民就不断地规制行为准则，砥砺思想道德。东汉今文经学家何休根据孔子“寓入”经典中的“微言大义”，加以畅通，从而提出一系列待人处事的行为准则；南朝时期尚书令何佟之主张所行所言皆依“礼”定。这些言论逐渐成为何氏家教的渊源。元朝末期，阳山何氏始祖桂阳学录何自修，平生以“古风、古礼制”为行为准则，并用它来要求自己，教育后辈。明朝时期，阳山何氏人、曾任增城知县的何天禄，则深受理学家湛若水“静学”思想的影响，教育后人“随处体认天理”，遵循“以孝道事母，以忠恕之道事君，无阿谀奉承之言，无取巧钻营之私”等规范，形成了比较完善的阳山何氏家训。清康熙时期，经何其高等贤儒的努力，阳山何氏家训有了完整而清晰的文字记录。成立“宗源会”之后，特意将“敬祖尊亲、忠君爱国、孝老爱幼、惩戒治理、帮弱扶困、耕读传家”等训言，以条例的形式记入家谱并刻入石碑，成为何氏家族几百年必须遵循的准则。一代一代何氏先贤不懈努力、不断更新，为何氏家族良好家风家训的形成打下了坚实的基础。1949年，新中国成立后，随着社会的发展，阳山何氏结合新时期、新风尚、新要求，形成了现代的450余字的家训“三字经”。

纵观阳山何氏家训，除重视传统的忠孝礼义廉耻等教育之外，有3个特别突出的地方。一是重视子孙的品行和学习教育。明朝时期就有“重耕读”的家训，清朝康熙时期，又专门成立了“议学会”对读书人进行资助奖励，民国时期，阳山何氏家训九条中也有“训读书”一条。二是重视对不良行为的禁戒教育，如“劝勤俭节约，戒铺张浪费”“为善则顺而获福，为恶则逆而降殃”等训言。鸦片战争之后，村内出现了吸食鸦片、赌博等不良习气，为遏止这一风气，家训中又特别增加了“戒吸洋烟、戒赌博”的条例。三是对孤寡老人的救济、对贫困家庭的帮扶。他们一族坚持的时间之长、执行的力度之大、产生的影响之深远也是其他家族所少有的。

阳山南门李氏家族，源于陇西，为唐邺侯李泌之后。生活在元末明初的阳山李氏之宗李源善为李泌 22 代后，深得李家渊薮，为教育子女他亲书了 16 字家训“学诗学礼谨守忠孝，绳绳继继罔替门风”，这也成为桂阳南门李氏重要祖训。后来南门李氏人丁兴旺，各行各业者都有，对于后辈起重要教育作用的家训，也必然要顾及全面。于是就有了“修身齐家，忠厚传家”“尊师重教，敬老尊贤”“士勤于塾，农勤于野，工勤于器，商勤于市”等教言。

明清至民国，阳山南门李氏家训主要是对先祖训言的不断细化和完善。这一时期的家训基本保持原貌，古朴庄严，谆谆劝勉之味绵长。

稻田插秧（2018 年）

1996年，在第七次增修南门李氏家谱之际，修编者从时代需要出发重拟了家训，其内容、措辞风格变化都比较大。“五宝”（孝顺才是宝、聪明才是宝、勤快才是宝、健康才是宝、团结才是宝）提法简明、通俗，现代特征更加鲜明。

2018年4月18日，各地李氏族人代表在深圳成功举办“李氏家训、家规修定大会”后，统一形成了全国性李氏家训（十八句），其中“恪守国法爱家尽忠”等，普适性得到了极大增强，为以后阳山南门李氏家训的编修提供了价值参考。

刘氏启教后代，有“三帝（刘邦、刘秀、刘备）遗训”为范，尤其是刘备的“勿以恶小而为之，勿以善小而不为”更为盖世名言。

阳山刘氏先祖为宋咸淳进士刘登，由建康（现为南京）做官（桂阳知军）到桂阳，居桂阳城北关，强调“勤创业、崇教育、尚节俭”的门风。其后裔于明嘉靖年间首迁阳山坳背，清康熙年间，一部分再由桂阳北关迁阳山落坦坪。他们始终恪守“振家兴孝友，许国重文章”的家训，遵循“奉公守法、敬祖敬宗、兄弟相亲、妯娌和睦、勤学苦干、勿事游惰”等家规。阳山刘氏家训朴实厚重，长短随化，指导性强。

邓氏祖先春秋末期思想家邓析教导后人说话需谨慎，“恶言不出口，苟语不留耳”，此语遂成为教育邓氏子孙之圭臬。明清时期，阳山邓氏一族制定出了适合自己家门的训言，几百年来，变化不大。阳山邓氏坚守“忠孝勤俭睦廉”，强调立德树人，遵循“戒忤逆，戒淫行，戒赌博，戒官讼，禁盗贼”等家规，治家严整，成一方望族。

讲述古村“六会”内容（2018年）

桂阳县影像协会到阳山举办年会活动（2019 年）

侯氏家规源远流长，远祖之训中强调“先人世德家训，固宜永永遵守”，家训当中反复叮嘱“勿失守先物”“勿怠废先人祀”“勿忘先人坟墓”，后来逐渐演化而成的二字经、三字经如“孝顺、友恭、教子”“孝父母、和兄弟、敬尊长、禁凶暴”等则在加强教育后代面向未来重视家庭的发展力等方面有了更为具体的要求。

“天下之本在家”，家庭是人生的第一个课堂。习近平指出：“对一个社会来说，家庭的生活依托都不可替代，家庭的社会功能都不可替代，家庭的文明作用都不可替代。”

阳山各族在探索家族家庭教育的过程中，总结出来的家规家训，蕴含丰富的优秀传统文化信息、成功的教育教化经验，值得研究借鉴。

阳山村自建村以来，坚守“故人不独亲其亲，不独子其子，使老有所终，壮有所用，幼有所长，鳏寡孤独废疾者，皆有所养”和“忠、孝、悌、信、礼、义、廉、耻”等准则，立身处世。几百年来，勤谨处事，耕读传家。

绿野田畴，森林溪流，石巷古道，檐画雕窗……这处人文蔚起、小家碧玉般的村落，无不显示着“和乐”之美。

雨后出门玩耍的孩童（2018 年）

乡村旅游

阳山旅游主要有看红、品古、赏绿、探奇。看红就是瞻仰阳山的红色文化，品古就是品味阳山古村的明清建筑及其窗雕、匾额、对联、书画以及民俗等，赏绿就是欣赏阳山的自然山水，探奇就是探求阳山十八天坑的神奇。

◉ 红色旅游

红色资源 阳山地处湘南，村境内的革命思潮比较活跃，中国共产党成立后，在党的号召下，境内的热血青年纷纷奔赴反帝反封建的革命斗争前线，革命斗争如火如荼。

1926 年，何昌仁、李宗显等人在东镇乡（现正和圩，下同）农会负责人李克刚的带领下，与农会成员一道，先后清理官溪、正和、新屋、火田、下窝等地豪绅的粮仓 20 多个，平粜谷米 5000 多石，并在境内进行减租减息运动，拯救了不少在死亡线上挣扎的贫苦群众。同年 9 月，在东镇区组建了一支 2000 多人的鸟铳、大刀、梭镖队，壮大农民武装。

1927 年，杨赤领导的郴桂边农民自卫队，经常在阳山境内活动，引起了国民党反动派的关注，为了捕杀革命党人和先进分子，1928 年，国民党发起了所谓的清乡运动，在境内多地设置“告密桶”，高额悬赏引诱群众告密。阳山廖家湾何家（现阳山古村）出

古村村口（2020 年）

现了村民坚守“告密桶”不让敌人得逞的故事。上马坪村深处山中，户户都有赤卫队，全村 15 户人家，在国民党清乡时，男女老少全部惨遭杀害，财物被抢劫一空，村庄被烧成废墟一片。1928 年,《湖南省清乡总报告书》中，就有境内村民何耀金、何耀根等被省清乡督办总署通缉的记录。

1933 年，在中共桂阳县委的领导下，李木庵化名何樊木与李定国、李伟、何昌仁等在境内成立郴桂边游击队，灵活机动地打击周边地区的土豪劣绅和国民党部队。1934 年，中国工农红军进行战略转移时，湘南特委要求郴桂边游击队，为红军过境筹集粮款，打通沿途道路，夺取敌人的枪支弹药，确保红军安全过境。为此，郴桂边游击队加大了工作力度，后因叛徒出卖，李定国等 4 位同志不幸被捕牺牲。1934 年 11 月 13 日，红三军团一部经郴县保和圩翻越枫树坳过境阳山，并在境内休整。休整期间，在枫树坳处决了部分从江西带来的恶霸地主，向阳山村民宣传革命道理，接收湘南特委筹集的粮款。

红色游 2020 年，为纪念阳山村牺牲的革命先烈们，讲好红色故事，不忘先辈遗志，阳山村筹资 20 余万元，修建了阳山历史文化长廊，成为青少年重要的红色教育基地。阳山红色旅游活动主要有重走红三军团过境阳山路，体验埋锅造饭、野外露营生活，参观大革命时期共产党人集结的秘密联络点、革命烈士故居，清扫革命烈士墓，在阳山历史文化长廊观看乡贤和革命前辈们的故事，瞻仰惨案旧址等。

红色旅游线路

红三军团过境阳山线路 枫树坳（入口）→阳山古村→陈家山→寿亭桥→井水岩门口（也叫祥光普照）→牛轭岭凉亭（出口）。此线路多为古石道，蜿蜒坎坷，既可感知当年红军长征的艰辛，又可品味远古历史的沧桑。另外这条线向东可以延伸至郴州市烈士公园（即东塔公园）、向西可以延伸至邓华故居，沿途自然风光秀丽，有宽阔的公路相通，也是自驾游的精品线路。

革命旧址、烈士故居、烈士墓线路 何氏宗祠（抗训班夜校）→绣楼（革命联络点）→花屋（革命联络点、抗战时期中共阳山党支部旧址）→阳山历史文化长廊→何昌仁烈士墓→阳山李氏宗祠（抗训班夜校）→上马坪村遗址（国民党屠村地）。

◉ 自然风光游

造化钟神秀，大自然为阳山这片土地留下了不少独特的自然景观，经过长年的人文累积，形成了“阳山八景”。它是游客品味阳山自然风光的独特窗口，备受称道。

曲栏戏鱼 位于古村前太极广场南侧的池塘上，曲栏幽径，环浮于水面。凭栏而观，水中各种小鱼在水草之中相互嬉戏，时聚时散，或上或下，不亦乐乎。游人撒一点鱼食，鱼儿结队争抢，翻起阵阵浪花。置身其中，烦恼尽去，童趣悉来，其心悠悠，其乐融融。也可在阳山湖上进行水上游，有木排、竹排、小木船等水上工具在湖水里荡游，与水鸟鱼儿互动。阳山有水塘、电站水坝、龙虾甲鱼养殖场等垂钓场地，这里堤岸宽敞平坦，视野开阔，水质清澈，鱼肥虾壮，风平浪静，环境优雅，是垂钓的理想之地。

曲栏戏鱼（2018 年）

伏牛登高 阳山古村后龙山形似伏牛，谓之伏牛山。伏牛山为原始次森林，古树参天，一峰独秀，垂直高度达到200多米，接近峰顶坡度达70多度。金秋时节，这里枫叶被霜风染红，一片灿烂，远看就像是天空中悬挂的一幅美丽图画。

山林中有弯曲的小路，依着山势，盘旋而上。喜欢攀登的游客可以攀爬伏牛山，享受爬山的艰辛与快乐。行走在山路上，不时看到的奇花异草、古树灵芝、怪石奇藤、飞禽走兽，会给游客带来意想不到的惊喜。登上山顶，群山低伏，郴州、桂阳两城尽收眼底，北湖机场上空时有飞机起落，天高地阔，物阜民丰之感油然而生。

驿站听声（金牛追驷马） 阳山古村湖水堤坝处，以前叫金牛追驷马，相传每当到冬季，或者大风大雨时节，驻足于此，就会听到有如万马奔腾、牛叫马嘶的声音，所以叫金牛追驷马。游人驻足于此地，静静地用心聆听，那流水声，那风吹过湖面、掠过树梢的声音，会不断传来，如潮叠涌。各种声音，交会在一起，时而轻盈、时而高亢；轻

伏牛山（2018年）

驿站听声（2018年）

盈时如仙乐绕谷，绵延千里；高亢处似群马奔腾，决荡万疆。

金线穿牛鼻　此景在旧时也称“阳山福地”，位于伏牛山西南侧牛头之前。从西北向东南有条小溪连续穿过 3 座小拱桥，汇入土陂河，与伏牛山牛头恰好构成一幅线牵牛鼻子的画面。古有诗谣：“百步未满三拱桥，其中一座是泥桥；一水贯串如金线，穿住牛鼻留住福。”说的就是这里。每当夕阳西下，金色的祥云返照在水中，远远望去，一条金色的彩带牵扯着那晚归的牛儿走回栏中。

寿桥小憩　寿亭桥位于土陂河中游，东西走向，可供人们休息、乘凉、避雨。桥亭为砖木石结构，北面被砖石砌满，南面三根石柱支撑着，一鳞鳞小青瓦覆盖在那有些年岁的瓦椽上。

从西拾级而上，但见亭西的木檐下悬有“寿亭”二字。前柱有联：“鳞丸参差分燕冀，石亭长短记乌私。”中柱联：“停车通梓里，倚杖话桑田。”后柱联：“稳凭石磩升三

金线穿牛鼻（2018 年）

寿桥（2018 年）

级，要溯天源上一层。”在亭东的木檐下有“乐善不倦”和“孝思一匮”八字。此桥建于清道光戊戌年（1838），据记载是阳山乡绅李本崑为母亲祝寿时所建，为郴州市市级文物保护单位。

1934 年 11 月，中国工农红军第一方面军第三军团长征过境阳山，在此接收境内湘南游击队筹集的粮饷物资，向过往民众宣讲革命道理。

祥光普照 在上阳山村南面，花山村北面约 400 米处的桥头岭山脚，有一块约 40 平方米的巨石嵌镶在翠绿的山林中，下有一石室约 8 平方米，室中有一汪清水汩汩而出，清凉甘洌，终年不竭。不管天干下雨，泉水都没有大小和清浊之变。每当骤雨复晴，常有彩虹由此而生，七彩斑斓，如祥光普照大地，故得名。旁边有一条从郴州保和至桂阳正和、太和与临武方向的古石板路，路人常常在此休息、饮水。1934 年，红三军团过境阳山时，曾在此埋锅造饭，休息补给。

雄狮长啸 位于阳山村东南面、落坦坪老屋场前约 500 米的山顶处。沿古驿道拾级而上，山顶有百十平方米的平地，大小石头遍布其间，形态各异，怪状奇形。最大的石头像一头俯卧的雄狮在仰天长啸。

狮子岩 位于阳山古村南方，从古村沿溪流而上约 3 千米处，穿越一片广阔田野，只见两边高山陡起，一条几十米宽的峡谷间有一溶洞，洞前一条土石道横挂山腰通往远方，路下陡坡如挂，路上绝壁如削，地势险峻，让人望而生畏。

洞口一堵由土石砌成的石墙横亘在洞口，从远方看洞口就像是一头雄狮张开大口，嘶吼鸣叫。走进洞内，一个高约 10 米，似足球场大小的平整宽阔的大厅，能同时容纳几百人聚集。据老人说，洞内洞中有洞，直下十二大厅，大厅中，钟乳林立，美如仙境。

狮子岩炮台（2018 年）

狮子岩炮台保护石碑（2018 年）

洞口大厅石壁上刻有对联，洞口有炮台垛口，在这洞中还发生了抗击兵匪的故事。

清咸丰三年（1853）洪秀全率太平军自桂入湘，取桂阳。清军拦阻，境内有个叫李壶山的人，为躲避战祸，偕其兄进入此岩，随从者达百余人。因洞口隐蔽，未被发觉，躲过一劫。咸丰九年（1859）又避过一劫。故狮子岩被村民传为能庇佑乡民的灵地。

其他景观

太极广场 位于阳山古村最前面，由草坪和水塘组成，形成特别的“阴阳”二象。坪地为阳，静而生阴，水塘为阴，动而生阳，生生不息。古村先祖历来重视天、地、人和，尊重自然规律和社会历史的变化，奉行“中庸”和与人为善的道德原则，而达到“宽容存厚重，和气致祯祥”，进而建设和谐、美好社会。同时告诫族人“明礼仪，尊长幼，孝父母，勤耕读”。太极广场也有乞求平安、吉祥，昭示族人生生不息的寓意。

太极广场（2018 年）

十八天坑 位于阳山古村南2千米外的草甸山上，总数有18个，天坑乃自然形成，大小不一，深不见底。坑底岩洞四通八达，一条暗河将散落在高山草甸中的18个天坑连接起来，形如地窖，让人感到幽幻而神秘。

落天坑以洞奇、形绝、势险著称，是一片大型岩洞群，坑内有洞，洞内有坑，坑洞相连，恰似一座神秘的地下迷宫。洞内石笋、石柱、石钟、石幔、石褶等形态各异，如琼林玉树，如雄鹰展翅，如猛虎下山，如万马奔腾……可谓千姿百态、栩栩如生、妙景荟萃，宛如一座石林钟乳大观园。

任选一洞口进去都要在竖井般的洞口用几架长长的梯子连接在一起放置一平台，反复多次才能到达底部，横向行走，十八坑洞相互贯通，漆黑一片，深邃无边，水声潺潺，一条暗河从石洞中流来，又流向另一处天坑，究竟有多长无人考证。

大的天坑上部有二三百平方米，悬崖峭壁，落差少说也有五六十米，悬崖上虬枝古藤盘根错节，林木森森。小的10～20平方米，直立下去深不见底。据传，旧时每逢兵匪盗贼兴起，阳山一带的人都到坑中躲藏。

十八天坑深藏阳山人未知，它原始、古老、高深莫测，大自然的鬼斧神工，幻化出许许多多的传说，有人说是女娲补天时，散落的石头砸成，有人说是十八罗汉修行之处，有人说是神农氏耒耜耕淇田（骑田）的地方，“神田占岁”“万流归宗”，其水源出

溶洞入口（2018年）

天坑洞口（2014 年）

天坑内景（2014 年）

口处，老人传说有能发出像婴儿一样啼哭声的"水鬼"（娃娃鱼）。

阳山丰富的溶洞资源，神奇的传说，神秘的地下世界吸引了不少探险者前来体验。溶洞探险成为一种时尚活动，既可欣赏大自然神奇美景，又能感受寻幽探胜过程的艰辛惊险和团队的协作快乐。在阳山落天十八坑和狮子岩都可进行溶洞探险，但在探险过程中，均须有导游和专业人员陪同，同时还要配备专业的探险服装和器材。

阳山古民居及自然风光旅游线路

一日游古民居线路 槽门→科名连捷→威振骠骑→滴水穿石→梅阁→藏诗楼→柏台→佩印堂→太极第→研经→酿酒坊→余庆堂→孝廉方正→三厅大屋→继美东阁→何氏宗祠→民俗博物馆→艮所书院。

二日游自然风光线路

①太极广场→曲栏戏鱼→驿站听声（金牛追驷马）→金线穿牛鼻→伏牛登高→寿桥小憩→祥光普照→落天十八坑→雄狮长啸→狮子岩炮台→天阳山竹海。

②太极广场→何氏宗祠→恩德婆婆墓→伏牛山天然氧吧游→三圣庙→驿站听声（金牛追驷马）→荷塘观景→演武坪挖扯雷笋→牛轭岭森林寻踪。

天坑口（2018年）

这两条线路往南延伸可上仰天湖骑马游高山草甸，往北延伸可下西河风光带漫步百里林荫道。

农耕体验游

三沟观光 阳山村四面环山，土陂河由东南向西北穿村而过，先民依地势造田，拦河筑坝、开沟灌溉；全村依河谷可分为上沟区、中沟区、下沟区。

上沟区在花山村以上，包括花山、落坦坪、小塘3个自然村，可观赏梯田中的果蔬种植基地，茂密的林山竹海；中沟区在坳背至花山段，包括上阳山、下阳山、侯家、坳背4个自然村，这里是烟稻轮作区。春季，烟叶田田，一片葱绿；夏季，烟叶成熟，一片金黄。烟田种上水稻之后，到了秋季，稻谷成熟，稻浪翻滚，连绵不绝，又是一番盛景。冬季，田地整好烟陇之后，从上到下，一陇陇一行行，整齐如画；如遇冬雪飘落，则像条条白色巨蟒静卧田间。

下沟区主要在黎阜公路阳山段以北，阳山古村区域，这里水塘星罗棋布，是水产养殖区。游客可在这里体验垂钓、捞捕、放排，天气晴暖时节还可以直接下塘摸鱼捉虾，收获一段特别的情趣。

下沟灌溉区风光（2018 年）

即便什么都不做，伫立土陂河畔，也可以在青山绿影之间，远赏阳山古村的青砖黛瓦，马头飞檐，感受和谐宁静的乡村氛围，让心情得到放松。

农耕活动 阳山村是以农业为主的山村，在不同季节都有相应的农事活动体验。春季可体验播种、栽植；春末夏初可体验春插、开秧田门、吃米粉肉。也可与老农一道参与牵牛、扶犁掌耙，尝试体验耕田犁地或体验现代耕田机在田野耕作的快乐。还可打锄戴笠、披蓑挂膜，与烟农一起除草、施肥、捉虫、抑芽、打顶、采叶、扎烟、烘烤、选烟等活动。夏末秋初，则可参与扯花生、割黄豆、晒豆、捶豆、秋插、制作剁辣椒和腌辣酱肉等活动。冬天则可参与上烟行、抖糍粑、制擣花、制豆豉、挂腊肉、挂腊鸡、挂腊鸭等活动。

传统农耕（2020 年）

现代农耕（2018 年）

诗人庞培（前排右二）在阳山体验抖糍粑（2019 年）

鱼镢（2018 年）

石磨（2018 年）

蓑衣（2018 年）

斗笠（2018 年）

风车（2018 年）

打谷机（2018 年）

骨饭勺（2018 年）

陶盂（2018 年）

果蔬采摘 阳山村四面环山，自然环境特殊，境内瓜果种类繁多，品质优良。村边岭脚向来有种植果树的传统。春有桃李，夏有枇杷、黄花梨、西瓜、香瓜，秋有葡萄、板栗、柑橘、柚子。除了各种种植水果，还有大量野生果类，如：野生猕猴桃、野山楂、野柿子、毛栗、野蓝莓、酸枣、牛卵坨（八月果）等。

村边的果林（2020 年）

◉ 民俗体验游

阳山村山林植被繁茂，上千公顷山林竹木，可供游客扯小笋、挖冬笋。

游客来这里几乎一年四季都有活动，都有收获。

阳山村是典型的客家村落，村民热情好客，大方讲礼。每当有客来临，热情的阳山村民都会敬上一杯热茶，摆上时令果品，招呼喝酒吃饭，游客从他们身上常常感到一种宾至如归的亲切。

吃酒席体验 阳山村风俗，每当婚丧、喜庆、祝寿、逢年过节都有请吃酒席的习惯。在宽敞的古居厅堂内，古色古香的四方桌、两张太师椅凳、三张条凳，干净整洁，摆放得中规中矩。请客上坐、上菜、敬酒、划拳、装饭、倒茶样样做足，情深义重，气氛活跃，让游客在强烈的仪式感中，回望历史。

酿米酒体验 在村民作坊里洗米、烧火、上甑、起锅、凉饭、拌酒药、装坛子密

蒸糯米（2018 年）

封。过一段时间等米饭变成酒糟之后，再跟着师傅将酒糟上甑蒸馏出酒。酿酒体验工序多，时间长，既可以培养一个人的细心与耐心，又可以玩味传统文化的深厚底蕴。

抖糍粑体验　每年腊月阳山古村都要举行抖糍粑活动，游客可以参与抖糍粑、压糍粑、吃糍粑等环节，感受乡亲互助之力，慷慨之情，丰收之乐。

抖糍粑（2018 年）

擀糍粑（2016 年）

糍粑点花（2018 年）

◉ 文化体验活动

经典诵读 明朝嘉靖年间，增城县令何天禄辞官回乡，创办“艮所书院”闭门潜身，教授后学。清朝乾隆时期又成立了“议学会”助学助教，奖掖优秀。何其高、何裕学、何煌、何富莲等都很重视启蒙教育，教授国学经典。走进阳山村，到处可见檐壁题诗作画、匾额垂联，民俗文化氛围浓郁。诗词协会、朗诵协会或学校每年都来这里举办经典诵读活动。

诗画体验活动 阳山古村属文人建村，诗词对联到处都是，尤其在花屋之中至今留存不少名人诗书画作品，技艺精湛，令人叹为观止。加之房屋建筑装饰方面富有深厚的文化底蕴，整个古村就是一个传统文化的标本。每年春秋之际，不少学校会安排师生来阳山古村临摹写生，品诗学画。

诗画体验（2018 年）

亲子活动（2020 年）

孝文化亲子体验 阳山孝文化比较突出，“重九会”和众多孝道故事成为教育后代的不尽宝藏，学校或社团常常组织家庭来阳山古村参与孝文化亲子体验活动。阳山村被郴州市中小学校列为亲子夏令营基地。在这里，父母子女共同游古村，听孝道故事，明孝道礼仪，爬山岭采摘野果，识别动植物。或下田地参加劳动体验，或到养殖场喂养鸡、鸭、鹅、狗，或到农家拾柴烧火、炒菜做饭，亲力亲为。感受自己动手，丰衣足食的快乐。感受人与自然和谐相处、亲友大众共同劳动的快乐。

知青回乡体验 “知青”是一代人的称谓，也是一个时代的历史。他们直接参与了改变新中国“一穷二白”面貌的伟大实践，当时来到阳山落户的知青共计有五六十人，他们回城之后，对这段特殊的经历刻骨铭心。进入老年行列的他们，更想重温往事，再续乡情。每次这些老知青回来，阳山都会一如既往地热情接待，为他们提供力所能及的便利。

知青回阳山演出（2020 年）

旅游服务

民居客栈

村中有众多民居客栈，古色古香，干净整洁，为游客提供原生态起居条件。

孝廉方正屋 位于古村西端，建于清道光八年（1828），有悠久的历史，此民居设客房 4 间，床位 4 张，窗明几净，通风良好，卫生条件好。

何强华民居客栈 位于古村北面，有客房床位 4 张，卫生条件好，房主热情大方，招待周道。

餐饮饭店 在古村落前有 2 家特色饭店，阳山古村土菜馆、阳山古村特色土菜馆。游客来此可品尝土鸡、土鸭、土泥鳅、黄鳝、虾米等富有特色的绿色环保食物，感受味美价廉的乡村风味。

阳山古村游客中心（2020 年）

导游讲解阳山古村（2018 年）

旅游发展

阳山村旅游开发以文化民俗为主，自然生态为辅，与东部东江湖，南部莽山，北部飞天山、便江以及西部嘉禾、临武一起，构成以郴州大道为中轴的旅游经济带。

编制旅游规划 为科学长效利用阳山村资源，促进旅游事业发展，造福民众，当地 2017 年编制了《阳山古村民俗旅游规划》，以古建筑、古民俗、客家文化为特色，以群山、水系、传统村落、田园为基本构架，辅以溶洞、草甸、水库等自然资源，创造和展示符合阳山村自然特色和民族个性的景观风貌。在坚持有效保护、合理利用、适度开发，控制环境容量，建立良好生态环境的基础上，通过整体规划、合理布局，以实现景区开发的良性循环和资源的永续利用，尤其是通过增设有阳山特色的旅游项目，来实现以旅游业发展带动产业发展，再以产业发展促进旅游兴盛的局面，形成良好的社会效益和经济效益。

阳山古村景观浏览区以料材湾古民居建筑群所含民俗风情、传奇故事及宗祠、驿

参观古村的游客（2012 年）

道、石桥、原始次森林为内容，按“修旧如旧”的原则，修缮整理现存古建筑，恢复具有代表性的古建筑（如“议学会”旧址），重建村内花园和围墙，修建休息场所，拆除现代建筑。并根据明清时期生活状态，陈设屋内家具、物品，整理民风民俗，挖掘历史人物和传奇典故。

民俗表演则在古民风民俗的基础上，借搬桂阳乃至湘南地域民俗风情，辅之客家民俗风情内容。以农民朴素表演为主，借助花轿等道具展现婚丧嫁娶、节庆习俗，让旅客充分参与其中。修建古戏台、戏院，演出地方古装戏曲，推出唱山歌、舞龙灯、打渔鼓等特色节目。

生态农业区可利用现有橘园，开辟林果景区；同时选择若干水田，规划为观光参与性农业旅游项目，让游客自己动手挖土、犁田、栽种、施肥、除草、采摘、收割等，通过劳动，感悟生活，增强体验，形成良性互动。

此外还可以黄石水库为中心、以溶洞地下河至水库段河道为纽带，包括周边山脉，建设小型水上乐园。以落坦坪天然溶洞群与高山草甸为资源，开发溶洞探险猎奇游玩项目。

通过增加“民俗手艺体验活动”，提升游客主题体验活动的参与程度，从而加强对

游客在阳山古村留影（2012 年）

阳山古村传统文化的体味、继承、宣传和发扬。同时，进一步利用和开发阳山古村的这些优秀的自然资源和人文资源，发展阳山旅游业，拉动当地经济的发展。

发掘历史文脉 阳山古建筑、村落古民风民俗集中体现了湘南地区客家文化的精髓，对研究湘南地区古建筑、古民俗和客家文化在本区域的历史沿革，具有极其重要的价值。可以顺着此线探讨客家文化与湘南文化交往融合的历史，来满足游客对异质文化了解的渴求，满足本地游客对先祖生活状态了解的愿望。另外，顺着神农耕淇田的传说，探寻阳山农耕文化的渊源，丰富人们对神农的认识；顺着阳山古道的脉络，挖掘秦汉以来阳山的物流交通历史；顺着红军过境阳山的脉络，发掘阳山的红色革命文化，探索湘南游击队在阳山的革命活动轨迹。为深入研究阳山历史文脉，以阳山文化为窗口，通过经常性召开不同层次的研讨会，进一步激发专家、学者的兴趣，活跃阳山文化的学术研究氛围，促成阳山文化学术团体的形成，进一步成就一个“文化的阳山”。

阳山竹海（2020 年）

风土民情

“要识相传风俗在，居人道得语音娇。”阳山村在长达600年的历史中既形成了自己的独特印记，又融入了当地风尚习俗，在饮食起居、婚丧嫁娶、说话唱戏、劳作休息等方面形成了特色。有香香的泥土气息、浓浓的诗情画意。

◉ 美食小吃

阳山村人在长期的生活实践中创造出了丰富多彩的美食。

八大碗

每逢年节、庆典或嫁娶迎送，阳山往往要以八大碗宴请宾客。美味佳肴，好一段时间里都会让人们津津乐道。

说起这八大碗，还有一段故事。相传，有一秀才上京赶考，因路途遥远盘缠用尽，只得沿路乞讨而行。一日秀才乞讨来到阳山，看到村中人来人往，大厅上高朋满座。厨房里不时飘过诱人的菜香，原来碰上了阳山一户人家在做结婚喜宴，八大碗在厨房摆得整整齐齐。秀才来到厨房向厨师讨要饭食和佳肴。厨房大师傅也是阳山有学识的人，一时兴起就说只要秀才根据菜品说出八个好句子，不但有酒有肉吃，还会资助他盘缠。这等好事，秀才马上答应下来。他看了看厨房的佳肴琢磨了一下，说道：富贵双全（大杂烩），枝头立凤（全鸡），团团圆圆（丸子），财源广进（团子肉或肘子），高风亮节（玉兰片），常往常来（红烧猪脚），甜甜蜜蜜、早生贵子（糖菜），年年有余（清蒸全鱼）。秀才一口气把菜说完，厨房大师傅拍掌称奇，拿出好酒好菜招待秀才，并事后资助盘缠助其上京赶考。说来事巧，秀才进京后高中状元，回家省亲时来到阳山，感谢大厨师的无偿帮助和阳山百姓的热情好客。这故事被传为佳话。八大碗也随之流传下来。

各菜品具体做法为：

大杂烩 取猪腰、猪心、猪瘦肉、猪小肠、墨鱼适量，洗净切片氽水，墨鱼炒香备用，肉丸、鱼丸做好备用，姜、蒜籽切末，葱切寸段备用；净锅上火，加适量的水烧开，放入姜、蒜末和氽水的猪腰、猪心、猪小肠、墨鱼，盐适量，后烧开再放入肉丸、鱼丸煮熟，加调味料，放葱段出锅即成。此菜汤鲜味浓，美味可口。

全鸡 取6～12个月大的仔鸡宰杀，去内脏洗净备用，红枣、党参、枸杞洗净备用，把宰杀好的鸡放入汤碗中；再放入红枣、党参、枸杞和适量的水、糖上蒸笼蒸烂即可。此菜鲜甜可口，营养味美。

丸子（2017年）

丸子 先将洗净猪前腿瘦肉剁为肉末，调味，做成拇指大小的圆球备用；再用鸭蛋、鸡蛋按2∶1的比例打成蛋糊，加面粉调成稠糊状；然后净锅上火，放植物油，烧八成热；再把裹上蛋糊的肉丸夹入油锅炸至金黄，捞出油锅即成。炸好的丸子可放冰箱中保鲜，食用时拿出加水入锅煮，放适量的盐、酱油、味精等调料即可。此菜色泽金黄，美味可口。

团子肉（2017年）

团子肉（烂肉） 取五花肉适量，刮洗干净，切约500～1000克重的方块肉备用，姜、蒜洗净拍烂备用；净锅上火加适量的水烧开，放入切好的五花肉烧开，捞出沥干备用；取白糖适量，放炒锅内炼化成褐色加水做成上色水备用；取大锅一口，洗净烧干，放油烧成八成热，把沥水的五花肉放入上色水中，捞出放入烧热的油锅中，待炸到肉皮成红褐色时捞出，重新放到煮肉的水中煮成虎皮五花肉捞出沥水备用；取煮好的五花肉切成三指大小的方肉备用，锅洗净上火，加适量的水烧开，放入切好的方肉，放适量的盐、料酒、酱油、干红五爪辣、姜块、大蒜籽等煮至肉烂出锅即成。此菜色泽鲜艳，油而不腻。

玉兰片（干笋片） 取干笋适量煮软切片备用，炒锅上火，洗净放油、干椒炒香，放入切好的笋片炒好，放适量的盐、酱油出锅即成。此菜香辣爽口，味美色鲜。

红烧猪脚 取适量的猪脚刮洗干净，放水中烧开，捞出沥水备用；取大锅一口放油烧八成热，取沥水的猪脚放入上色水（制法同烂肉中的上色水相同），捞出放油锅中炸至红褐色，捞出放入水中煮成虎皮猪脚，捞出沥水，砍成二指大小的方块备用；炒锅上火洗净，放适量的油、姜、蒜末炒香，放入砍好的猪脚，加料酒、盐、酱油、干椒段等煮好出锅即成。此菜色香味全，鲜辣可口。

糖菜 取适量的红枣、薏米、枸杞、葡萄干洗好备用，苹果切丁备用；锅上火洗净，加入适量的水，放入适量的白糖，加入洗净的红枣、薏米等备用物烧开，调好味，勾芡粉汁放苹果丁出锅即成。此菜甜滑可口，味道鲜美。

清蒸全鱼 选500克左右的鲈鱼宰杀洗净，打好花刀，放姜葱汁、盐腌制15分钟，姜切丝，蒜切末备用；把腌制好的鲈鱼放入盘中，放入姜丝、蒜末，上蒸笼蒸熟，淋热油即可。此菜滑嫩可口，味道鲜美。

在做红白喜事菜时，除糖菜外，其他菜品都必须加胡椒粉。

五圆猪脚（2017 年）

五圆猪脚　阳山村是一个以农耕为主的村落。在日常的生产生活中，根据时令季节产生了一些为忙农活而生的菜肴，其中五圆猪脚就是最为特别的一道。

五圆猪脚在阳山村由来已久。相传，旧时开春时节，一些佃农由于下田耕地，常常都是冷得手脚发抖，不少主劳动力一场春耕下来，都会出现这样那样的疾病，有些由于治疗不及时而落下病根。何氏先祖得知这事后，询问了当时有名望的医生。医生通过对阳山这地方生态环境的了解，配制出一副药膳交给了何氏先祖，要他每到开春之前和立冬以后让那些下田耕地的人蒸两次猪脚，吃了就会个个生龙活虎。这药膳大家吃后，下田耕种时当真不觉得寒冷，耕起田地来也是干劲十足。就这样药膳被一代代的阳山人流传了下来。

药膳的配方是以当归、党参、红枣、桂圆、枸杞、红糖、糯米酒糟配以猪前左脚蒸煮而食。此菜能驱寒，增强人的体质，补气益神。在农村土地流转以前，阳山村人只要一到春耕和立冬后每家每户的妇女就会张罗着做这道药膳，给家里的顶梁柱们吃。现今，这道药膳也被人们搬到红白喜事的菜单里广为流传。

具体做法：

药物当归、党参、桂圆、红枣、枸杞各适量洗净备用，红糖、糯米酒糟各适量备用。取猪脚前左脚去净毛，刮洗干净备用。取一大碗（按猪脚的大小而定），把洗净的猪脚放入碗中，然后把当归、党参、桂圆、红枣、枸杞、红糖、糯米酒糟一同放入碗中，倒入适量的水，上锅隔水蒸煮至软烂出锅即成。一般要蒸 2 个小时左右。此菜香甜软烂，驱寒，补中益气。

焖山羊　焖山羊是一道冬天进补的美食，立冬后基本上就会出现在餐桌上。

具体做法：

把一年左右的土山羊宰杀，去净毛与内脏，羊肉剁成二指见方的小块备用。内脏清理干净，切片氽水备用。净锅上火（一般是烧柴火），把剁好的羊肉煸干水分起锅；然后洗净锅放茶油烧热，倒入煸干水分的羊肉继续爆炒，当爆炒到羊肉在锅中“啪啪”响时放盐、蒜籽、生抽、干辣椒等配调料炒香；然后加清水煨焖到酥烂，收汁放葱即成。这道菜为温补佳品，糯软酥烂，齿口留香。

砂鼎煨黄牛肉 阳山的黄牛一般要在冬至节或者过年时才能宰杀。取宰杀好的牛肉切成一指厚、三指宽的块备用。净锅上火把牛肉水分炒干，加调料配料炒香，然后倒入洗净的砂鼎中加清水进行煨焖，待汁浓肉香时放大蒜出锅即可。这道菜香酥可口，辣而不火，为佳品美食。

阳山血鸭 阳山血鸭又称骑田岭血鸭，是骑田岭一带一道传统名菜。具有开胃、利肠的特点。血鸭在骑田岭一带的郴州、桂阳、新田、宁远、蓝山等地都有不尽相同的做法。在阳山，家家户户都会制作此菜。有关“血鸭”的来历和制作，在民间还流传着一段奇特的传说。

阳山血鸭（2013 年）

相传太平天国起义初期，首领洪秀全率众部将在湖南境内一路往南进军，在骑田岭山脉一带捷报频传，让当地的百姓受益匪浅。当地老百姓为慰劳义军，家家户户都杀鸡宰鸭做成佳肴给义军吃。一户人家在宰鸭拔毛时，由于水温的原因，那鸭毛怎么拔也拔不干净。看到别人家都把菜做好了，于是这家的老妈妈把鸭子开膛洗净后，剁成小块，下锅炒好焖熟，然后把搅拌好的生鸭血倒进锅里继续炒熟。鸭血把鸭肉都包裹了起来，再也看不到鸭块上的细毛。老妈妈怀着忐忑不安的心情把菜端上桌子，义军战士看到这与众不同的菜，都来品尝，吃得嘴巴喳吧喳吧地响。大家都异口同声地说好吃。大妈心头的石头终于落了地，脸上露出了笑容。

他们问老妈妈这菜叫什么名字，老妈妈支支吾吾不知怎么说才好。后来还是义军中一位将领说道：这鸭肉块块裹着血，就叫“血鸭”罢了。从此，“血鸭”这道菜就在骑田岭一带出了名，并一直流传下来。

具体做法：

选家庭放养 5 ~ 6 个月圆翅鸭子宰杀，鸭血用器皿盛好，晃匀不让凝固备用。鸭子去净毛，去内脏，剁成小块，置油锅中炒至金黄，加盐、佐料，加水焖，待汁浓时放入鸭血拌均匀出锅即可。食时，鸭肉酥软汁香，鲜甜可口，味美。

米粉鸭 米粉鸭在阳山村是道招待客人的必备菜肴之一。以其独特的口味，深受人们的喜爱。

具体做法：

米粉鸭（2017 年）

取家养 6 ~ 9 个月的新鸭一只宰杀，去净毛，开膛清理干净，并把鸭子剁成小块备用。葱、姜、蒜籽、干红椒、朝天椒、八角等洗净，姜、蒜籽切末，干红椒、朝天椒切碎，葱切花备用。净锅上火，放油烧七八成热，把砍成小块的鸭肉爆炒，炒出香味时放适量的盐、生抽、老抽、蚝油、料酒、八角、姜蒜末等调料炒香，加水煨焖至酥烂汁浓时，再加入适量的粗米粉搅拌均匀，撒上葱花出锅即可。这道菜色泽金黄，味鲜香辣，是饮酒、下饭之佳肴。

粉蒸肉 粉蒸肉在阳山也叫米粉肉，是阳山人招待客人常备的一道佳肴。

粉蒸肉在阳山已有几百年的历史。相传，赵子龙取桂阳时，为了不误军机和行军作战，赵子龙密令火头军隔夜做好饭菜，用宽大的荷叶把饭菜包在一起用绳子绑在身上，便于行军作战时解决吃饭的问题。当大家吃了这米饭裹肉后，觉得有一番特别的风味，于是经过火头军不断的改良而做成现在这样的粉蒸肉。粉蒸肉也由于味道鲜美而世代相传。

阳山粉蒸肉，有五花肉的肉香，稻米粉的清香，调料的郁香。在高温蒸煮下，在很远的地方就能闻到它特别的香味。不过，粉蒸肉在阳山村间，却更是专供春天最热闹时节春耕插秧的一道时令菜。根据阳山的风俗习惯，每到插秧的时候，主家都会蒸粉蒸肉款待前来帮工的村民。

具体做法：

取上好猪五花肉洗刮干净，切成约一指厚三指宽的块，装入盆中放适量的盐、酱油、料酒等调料入味 10 ~ 15 分钟，然后把入味的五花肉拍上磨好的粗米粉（蒸肉粉），码入碗中，上锅蒸 1 小时左右即可。

酿豆腐（2013 年）

酿豆腐 酿豆腐是客家人的名菜之一。在客家人的日常生活中，家有贵客必有此菜。

人们一般是先把做好的白豆腐切成小块，放油锅中炸至金黄，将肉、菇、葱等佐料剁碎，然后在每块炸好的小豆腐中央挖一小洞，将剁碎的佐料填入洞中，上锅煮或蒸熟。食用时配以调料即可。此菜鲜嫩

酿豆腐（2017 年）

可口，营养丰富，是大小宴席的必备之品。

具体做法：

把做好的水豆腐切成小块，放油锅中炸至空心，待用。然后取猪前腿瘦肉香菇、葱剁碎，加入调味拌匀备用。把炸至空心的豆腐从一面挖开，把剁碎的肉等塞于其中，放油锅炸煮熟捞出即可，吃时，加水入锅加热，调料，即可食用。这道菜香甜可口，回味无穷。

酸菜魔芋（2017 年）

魔芋豆腐 魔芋在湘南自古多有种植，味道清爽可口，富含可溶性膳食纤维，作为新型保健食品备受人们喜爱。

具体做法：

取新鲜魔芋洗净去泥沙、去黑皮备用。取纯石灰（用量视做多少魔芋豆腐而定）加水稀释，沉淀 4 小时左右，轻轻地把石灰水倒入容器中。选一洁净容器倒入部分石灰水，把洗好备用的魔芋在容器中不停地向一个方向旋转，把魔芋磨成糊状，待浓稠后又倒入另外一洁净容器，如此往返，把所有洗净魔芋磨完后，静置 2 小时以上，等魔芋糊完全凝固成块后，再用刀划成小块备用。取大铁锅洗净加水烧开，然后放入少许洗净的稻草垫底，再放入划成小块的魔芋糊煮熟，捞出放入另外的容器中，再倒入一些煮魔芋的水泡着，魔芋豆腐即成。把制作好的魔芋豆腐洗净切成小块，姜蒜切片，酸菜切段备用。净锅上火放油，姜蒜、剁椒入锅炒香，放入切好的魔芋豆腐、酸菜等，加入盐、生抽、酱油调好味，翻炒均匀出锅装盘即成。此菜看酸辣适中，嫩滑爽口。

坛子肉（辣酱肉） 古为待客佳肴。相传，三国名将赵子龙智取桂阳郡时，当地老百姓用家中秘制的坛子肉赠送赵将军下酒，深得其喜爱，食后赞不绝口，并以此美食赏赐三军。

选当地饲养的土猪五花肉与本地特产五爪辣椒，经特殊工艺秘制而成。其色鲜艳如血，其味芳香，入口香辣可口，肥而不腻，回味无穷，有开胃、增强食欲之神效。

具体做法：

取当年产新鲜红五爪辣椒洗净，磨成辣椒酱加入适当的盐拌匀，装入洁净的坛子里密封腌制半月左右待用。取新鲜猪五花肉刮洗干净，切成大小适中的块备用。净锅上火，放入少量油热锅，倒入切好的五花肉，加入适量盐酱油等调料炒香，关火置凉。把炒好置凉的五花肉装入洁净容器中，拌上腌制好的秘制辣椒酱，再装入洁净的坛子中密封腌制半月即可食用。

坛子肉（2017 年）

嗦螺　用料：田螺（或石螺）、姜蒜、八角、桂皮、香叶、花椒、干辣椒、紫苏、葱等。

具体做法：

把浸去泥的田螺外壳洗净去尾备用。蒜姜切片，干辣椒、葱切段，香叶、八角、桂皮、紫苏等洗净备用。净锅上火，加适量油烧热，放蒜姜片、八角、桂皮炒香，倒入去尾洗净的田螺翻炒，再加入适量盐等调料，翻炒数分钟，再加入清水（盖住田螺即可），盖上锅盖，中火焖煮十分钟左右，最后放入紫苏、葱，调好味，出锅即成。螺肉鲜嫩，香辣可口，是下酒的佳肴。

嗦螺（2017 年）

神仙鱼　用料：鲜草鱼、生姜、蒜籽、花椒、泡椒、泡姜、醋、白糖、淀粉等。

具体做法：

取鲜活草鱼洗净，去头尾，取出内脏，切 8 厘米左右的块备用；姜蒜切片，葱、干椒、泡椒、泡姜切末备用；鲜汤调好味备用。把切好的鱼块放洁净的容器中，放适量盐、姜蒜片、料酒等调味品腌制 20 分钟左右捞出，拍上干淀粉备用。大锅上火洗净，加入适量的油，烧至八成热，将拍好粉的鱼块放入热油中炸至金黄捞出备用。把炮姜末、蒜末和各种辣椒末炒香后放入炸好的鱼块，加入清水烧开，等汤汁浓稠后，浇上茶油，撒上葱花出锅装盘，一道色香味俱全的神仙鱼就做好了。

神仙鱼（2017 年）

血灌肠 据说，清朝末年，在桂阳县城以杀猪卖肉为业的屠夫老张，经常送肉到衙门、酒肆、饭馆，看到一些猪下水和猪血由于收藏不当和不能及时吃完而浪费了。特别是猪血，既不好收藏，也不好加工，没及时吃完的都被倒掉了。都说干一行爱一行，屠夫老张眼里看着都心疼，他想怎样才能把猪血做得既好吃，又好贮藏呢？于是老张每天卖完肉后，就拿起猪血来研究，经过反复试验，终于在一天做出了一道既好吃又好收藏的血灌肠来。经街坊邻居们品尝，这血灌肠的名声传开了，很多人都到屠夫老张家中取经求教，屠夫老张也不藏着掖着，手把手地把血灌肠的制作方法告诉来求教之人。血灌肠就这样在桂阳境内流传了下来。

具体做法：

先将猪血放入适量的盐水溶液里，用木棍搅拌，不让猪血凝固。再与四比一的稀面粉水混在一起，把流汁分批适量地灌入洗净的猪直肠中，待其血浆与面粉水的混合物在肠内凝固后，放入水锅中用小火温煮，并不断地用针刺破肠，让肠中的气泡冒出来，以免肠衣崩破。一般约煮 90 分钟即可食用。

血灌肠含有大量脂肪、蛋白质、淀粉、糖类以及微量元素，有补血、健脾、壮筋骨等功能，鲜嫩好吃，深受人们喜爱。

米饺粑（2013 年）

米饺粑 米饺粑在阳山也叫“叫粑”。平时是节令食品，一般是立夏、冬至节气包饺粑。

在阳山立夏和冬至，一般外嫁女都会回家送节。女儿们回来后，父母就会包叫粑，制菜肴，一家人开开心心吃上一顿，也有小团圆之意。

具体做法：

取优质软糯的粳米打成细粉备用。再用猪前腿瘦肉、墨鱼、香菇等剁成肉泥，加盐、豆油、胡椒粉等调匀装碗备用。把米粉加开水调和揉搓好，捏成一小团。然后擀成饺粑皮，填入剁好的肉馅包好，上锅或煮或蒸熟即可。

糖拖糍粑 在阳山村有句俗话：外母老娘（岳母）爱郎（女婿），糍粑拖糖。糖拖糍粑在阳山村是用来招待贵客的特色小吃。过去，每年也只有在正月拜年时家里来了客人才做这种小吃，一年也就只能吃上一两次。

每当正月拜年的亲戚来到家里，中午的时候，一般是煮点心吃，这时主家就会张罗着煮糖拖糍粑。听说要煮糖拖糍粑，小孩子马上行动起来，到缸里（因为农村的糍粑都是放在水缸里用水盖住收藏的）把糍粑捞出来，用清水洗干净，再用干净帕子擦干渍水，放到架在木炭火上的夹钳上烘焙，不时地把糍粑翻过身便于糍粑烤熟，如果翻得不及时，糍粑很容易烤焦糊。糍粑烤熟后把它放在砧板上摆好，用菜刀横两刀竖两刀，切成小块。

把砂糖放进锅里和水煎熬，当糖水炼化好后，把烤好切成小块的糍粑一块一块放入糖水中，用锅铲翻炒，让每一块糍粑都均匀地粘满糖汁，然后撒上切好的葱花。一道香甜糯软、色泽金黄的糖拖糍粑就成功了，香甜可口，回味无穷。

具体做法：

把糍粑放木炭火上烤熟切成小块备用。把砂糖放锅中炼化成糖汁，然后放入切成小块的糍粑不断翻炒，让每块糍粑都粘满糖汁，撒上切好的葱花即可。

粽子 用糯米浸水泡发 1 小时左右，捞出沥干，拌小苏打粉（碱砂）。粽叶焯水，凉透，包上沥干的糯米，中间可放花生米、豇豆、猪肉等，用棕叶绳扎紧，放铁锅内煮熟即可食用。吃时米香、叶香等香味溢满口中。

摊皮粉 用粳米加冷饭浸泡 12 小时左右，用石磨磨成米浆，倒入粉盘摊薄上笼蒸熟即可食用，或蒸熟后切条晒干备用，煮法同面食。此小吃纯手工制作，味道特殊，为绿色环保食品。

掏花 在阳山，掏花也叫“猪笼盖”，因形似装小猪笼的盖子而得名。一般人们用糯米和冷饭打成细粉，然后用糖水调和，做成小圆条，再将圆条做成网格状圆圈，放油锅用温火炸至金黄。掏花香脆可口，好看好吃，是极富当地特色的农家小吃。

掏花（2018 年）

相传，在很久以前，每到年终，百姓家里的大猪都被宰杀，猪神带领猪兵猪将四处逃窜，破坏庄稼，让百姓苦不堪言。一日，姜子牙巡天发现，告诉人们用米做成猪笼盖形的东西，敬奉猪神。猪神贪吃，被姜子牙捉住关在笼中，永除祸害。于是人们都在年终时做掏花，敬猪神，同时也乞求来年六畜兴旺，牛壮猪肥。

本地还有老南瓜、焙红薯、刀板豆、煨萝卜、禾花鱼等其他美食。

晾晒萝卜干（2018 年）

土特名产

阳山村地处亚热带湿润季风区，气候温和，四季分明，昼夜温差大。境内山岭植被丰富，土地肥沃，水量充沛，适宜动植物生长发育，物产多。主要物产有水稻、烤烟、竹木、竹笋、土鸡土鸭、山羊和煤炭等。

阳山冷水米 境内土地肥沃，水源充足，多为山泉水。气候湿润，昼夜温差大，适宜生产优质稻米，年产优质稻谷 300 吨 ~ 400 吨。著名的有阳山冷水米，香软可口，远销各地。

烤烟 烤烟是桂阳经济支柱，也是桂阳特产。境内推行烟稻连种，每年可产烟叶 1500 余担，是当地一大经济命脉。

竹木竹笋 境域面积约 13.5 平方千米，山林密布，各种植物种类繁多，主要有楠竹及各种野生小竹木，每年可出产各种竹木 1000 余吨、竹笋 20 余吨。有的竹笋被村民晒成干笋，远销全国各地。

烤烟（2018 年）

楠竹（2018 年）

竹与笋（2020 年）

土鸡土鸭 随着旅游业的发展，越来越多的游客纷纷走进阳山村寻购村民散养的家禽及其蛋类。村民的养殖热情高涨，每年全村可出栏鸡鸭千余羽。纯生态放养，物美价廉。

山羊 境内山岭面积广阔，气候温和，适应草食动物的生长发育。山羊自 1994 年养殖以来，发展迅速，每年可出栏山羊数百只，成为阳山村主要物产之一。

散养土鸡（2020 年）

散养山羊（2020 年）

◉ 生产习俗

建造习俗

清《直隶桂阳州志》载：“桂民喜造房屋，凡稍可之家，必竭力营构其居，故四境之内，瓦屋如鳞，竟有数百金之屋而仅数百金之产者。”在境内村民眼里，“起屋造厦”是生活中的一件大事，等同于立世代基业，造福子孙。因此，建房、乔迁都有许多讲究和规矩，千百年来，形成了以吉祥平安为标签的建造习俗，且代代相传。

下脚竖门　万丈高楼从地起，在房屋地基平整后，择日由主家安排劳力挖土凿壕，由工匠安放石块基脚。待基脚凝固后，再择日“行砖”，即从基脚面砌砖，也叫行“大方脚”。“行砖”前夜竖门，俗称先行“竖大门”之礼。

起梁上栋　房屋砌到合适的高度时，即上正梁，其仪式非常隆重。邀请亲戚朋友和身强力壮的帮工，在工匠师傅的指挥下，起梁上栋。起梁仪式由工匠师傅们完成。

帮工助力　村境内，历来有互助建房习俗。互助的形式包括租借、待匠、帮工、送

竖门（2020 年）

行砖（2020 年）

工等多种。租借就是有的建房户是拆旧房新建，需要借邻里的房屋临时居住。这类借房是无偿借用，没有收费的传统。期间有些诸如木料、器具等，邻里之间也会毫不吝啬地借出。待匠就是建房户的本家、岳家亲戚、好友及同村的叔侄都会送钱、送菜、送粮，款待工匠，帮助主家。境内村民建房，一般都是分阶段营建。破土打基础为第一阶段，行砖起造为第二阶段。除了木匠、行砖的大工师傅要付工钱外，其余的工序都是村民、亲友互助完成，这叫帮工。送工是木匠、砖工等大师傅们的传统习俗，即在房子盖好，结算工钱时，大师傅们会主动提出，减去几天的工钱，这是做手艺的工匠代代相传的规矩。

圆工酒　新屋建成盖瓦封栋的那一天做圆工酒，以感谢工匠师傅和待匠、帮工的亲朋好友。20 世纪 60—80 年代，来吃这场酒席的工匠、亲朋好友都不送礼金。后来，人们觉得主家起屋花费大量钱粮，再免费办一场酒席更是不易。为了减轻主家的经济负担，慢慢形成在做酒日送些谷物或礼金的习俗。

乔迁进伙　旧时，新居落成，装扮一新，择日乔迁。凌晨时分进宅，燃放鞭炮，完后，凡参加入伙仪式的亲友在新屋共吃第一餐饭。现今，大多人家在这天设宴，请亲朋好友赴宴，俗称“进伙酒”。

赶圩习俗　在阳山，自古就有赶圩的习惯，也称“赶集”或“赶闹子”。一般圩场都设在当地村庄比较中心的地方，也是农村农产品的集中交易地。把约定俗成的集市交易日称为“圩日”，当地民众一般是 3 日一圩，即按日期尾数的“一四七”“二五八”“三六九”定为“圩日”，也有的是 5 天为一轮，分为逢“一六”“二七”“三八”“四九”“五十”等。两个相邻圩市，圩期交错，这样就能让买卖双方都有较多的交易机会。

赶圩是村民重要的交易活动，至今还保留着传统风俗。赶圩这天清早，去赶圩的村民会梳洗打扮，穿戴一新，如同走亲访友一般，所以农村有“赶圩如同走亲戚”之说。农闲时段，年轻人赶圩更是一种潮流，衣着时尚，带足金钱，一是去感受乡村集市的氛围，二是去买些自己生活中的必需品。在媒婆说亲的时代，圩场上也是年轻人相亲和交换信物的场所。乡村人在圩场买卖说话算数，不做笔记，不打欠条。小到柴米油盐、日用百货，大到农具、耕牛等，一手交钱一手交货，唯独买卖猪仔却要隔一圩再来拿钱，此俗延续至今。圩场一般有专用的仔猪交易行，养仔猪户将仔猪挑到圩场，供买家选择，叫作“选尽卖尽”。挑仔猪有专用的猪笼，卖仔猪不卖笼子，猪笼由买卖双方自备。

买家选定仔猪后，请仔猪行中证人过秤，只给卖家部分现金，在仔猪行中证人的见证下，余下的钱下一圩来拿（一般圩场上仔猪行的中证人都是乡村畜牧医师，圩场周边村民都比较熟悉）。“猪仔钱隔圩拿”，其实是一种乡村人的诚信约束，以免一些居心不良者将染病的仔猪拿来交易，损害他人利益。

临近农历年底，从过小年这天起，周边的圩场就不按规定的日期赶圩了，几乎天天赶圩，直到大年三十为止，俗称“赶乱圩”。这时的圩场货物都以年货为主，吃的、用的、玩的、节庆的应有尽有。到了大年三十那天，圩场上的商家，为清理旧货，常常低价甩卖。旧时，穷苦的乡民在这一天去赶圩，多能买到便宜货。这一天也叫“叫花子圩”，就是大年三十这天，乞丐们一般都聚集在圩场上乞讨，商家和村民们都会进行施舍，俗语“叫花子也要团年”就是这样来的。这种传统也体现了桂阳人民的仁慈友善。

岁时节俗

舞龙灯 旧时，每到正月时候境内村民就组织舞龙灯、看花灯、猜灯谜活动。龙灯

2006 年中国湖南旅游节·郴州生态（民俗民居）旅游节开幕式舞龙表演

有布龙灯、社火龙灯和草龙灯。

舞布龙灯时会在各个槽门、公祠贴上灯谜，供村人猜谜，猜中的撕掉，如没有猜完则继续贴补上字谜，直到正月十五。舞龙灯人到各家各户讨彩，户主要给糍粑。

社火龙灯一般是办社火时舞，其他时间不舞。

草龙灯是小孩们舞的龙灯，他们舞着龙灯到村中每户人家的畜禽栏舍把龙头伸进门内，说着避灾免瘟、六畜兴旺等语，舞完后要到河边烧毁，来年再做。舞草龙灯也是村民对生产生活的一种祈求，希望在新的一年牲畜满栏，无病无灾。这也是一种精神寄托。

舞龙灯时，舞龙队每到一个村庄要断四句讨口彩，多是即兴创作的打油诗。如："鼓锣钹子响堂堂，龙灯来到廖家湾，一年好景随春起（耶），弟兄叔侄家家欢。"

主家也要有人来回四句。如："鼓锣钹子响当当，龙灯耍得不一般。龙腾四海声威壮（耶），师傅个个是好汉。""鼓锣钹子响叮当，耍龙师傅好身段，龙灯耍得熟又好（耶），再请师傅来一场。"

打渔鼓 起初是一种旧时代盲人口头说唱的艺术形式，也是民间艺人通过说唱倾诉日常生活中喜怒哀乐的一种形式，具有浓郁的地方特色。旧时，百姓们颇为同情渔鼓艺人。

相传，明末清初打渔鼓传入桂阳境内，起初是一些盲人根据自己在生活中听说过的一些民间传奇传说故事，通过自己口头发挥，利用算命和乞讨者沿街吆喝的唱腔，用竹筒蒙上鱼皮做乐器，走村串乡，边唱边乞讨。后来，境内部分家境贫寒和一些其他类的残疾人也竞相效仿，以打渔鼓乞讨为生。说唱内容有时事话文、历史故事、人文地理、道德教养和艺人们即兴创作的宣扬孝道美德、抨击世间丑恶的唱文，模拟许多角色，形象生动。渔鼓词从而成了一种全新的口头说唱艺术在民间流传开来。

在境内，民间渔鼓曲调主要以昆曲为主，旋律流畅，节奏变化快，并与地方语言结合，加上优美动听的曲调和盲人伴奏技巧，时快时慢，时而高亢时而低回，感染力极强。

渔鼓的表演形式多为边走边唱。演唱时，左手怀抱渔鼓，右手中指顶着一枚铜板击打竹筒，双手配合，敲击出各式各样的鼓点声。说唱时用方言，声情并茂，叙议相杂，古朴优雅，通俗易懂，平淡之中彰显深刻的人生哲理，里面还有很多的民俗文化流传口语，启迪人生，催人奋进，加上方言词汇，以及对男女老少和各种性格人物语气的模拟，有情有味，生动感人。每唱至动情处，能使所有的听众荡气回肠，同喜同悲。

20 世纪 50 年代后，渔鼓艺人不再打渔鼓乞讨，但这种技艺一直在当地流传，艺人们经常即兴创作渔鼓词句，唱述生活中的喜闻乐见。

看戏班 旧时，每到腊月或正月就会有拜家门的戏班或龙灯队来村演出，也有其他村的木偶戏班。或在公祠演，或在宽敞的空坪上临时搭台演。班子一来，全村男女老少都很兴奋，家家小孩子早早出门，背着凳子占好位置，锣鼓一响，万人空巷。很多人还邀请亲戚朋友过来一起看戏。有民谣为证：“好过廖家湾，三年两届夺夺班（木偶戏班），台子打在禾场上，看戏人站在山垄上。”

表彰大会上的戏曲表演（2016 年）

◉ 礼仪习俗

婚姻习俗

旧时，阳山村男婚女嫁，全依父母之命、媒妁之言。婚嫁乃家中大事，礼俗十分讲究，普遍传承合八字、报日、行聘、迎亲、拦门、送嫁、拜堂、闹洞房等婚俗。20 世纪 50 年代全面施行《中华人民共和国婚姻法》之后，多为自由恋爱成婚，婚俗逐渐简化。

合字、报日 旧时男婚女嫁，先由男方托请媒人向女方家里提亲，女方家里同意后，互相递交生庚八字，俗称“合庚”，也叫“合字”；“合字”后男方择日订婚，向女方“报日”。

男方“报日”时出具结婚时的良辰吉日帖，连同礼物一起送到女方家中，称行报吉日之礼。女方同意后，回帖告知男方家，并向男方家讨要银钱、猪肉、首饰、衣物等彩礼，备嫁女之需。

行聘 结婚前一日行聘，俗称过礼，此日男方家将聘礼（礼金及礼物）以及亲家帖、行聘礼单帖等柬帖派人送往女方家，行行聘之礼，女方家收下聘礼及柬帖后，发出请迎亲帖和迎亲时男方要准备的礼单帖。

迎亲 迎亲之日，新郎具备迎亲、拜亲帖及礼物，亲率车马、行人、仪仗，敲锣打鼓去女方家。女方家选人迎接导之入室，略用茶点，新郎要行拜见岳父岳母、至亲兄弟、叔伯之礼，敬上烟、茶、糖果、礼帖等。临回家前，要向岳父母及女方长辈、亲朋好友告别，方可离去。

迎亲现场（2014年）

媒婆压轿（2014年）

拦门 即新郎花轿进女方大门时，由女方伴嫁姑娘和家中女性长辈在大门内侧摆桌设卡，不让新郎及迎新人员进门，必须要新郎送上礼钱、擦花脸、泼潲水、回对歌词，才让进门。

送嫁 旧时姑娘出嫁前半月左右（富裕人家一月以上）就不出闺房，邀请村内相好的姑娘陪伴，坐绣楼、习针线和哭嫁（俗称哭娘），饭菜、茶水都要送到闺房里。

坐绣楼期间，早、晚要唱伴嫁歌。出嫁前7天内，姑娘要在家中与自家亲属作辞别，称为“哭娘”，亲属送红包随礼，以示安慰和祝贺。“哭娘”是诉说性的、长歌当哭的形式，每哭一句，长“喔”一声，凄婉动人。

出嫁之日，当媒人领新郎和迎新花轿、乐队到家门口时，姑娘便放声“哭娘”“骂媒”，出亲前要与母亲及送嫁姑娘一起同吃“离娘饭”（在闺房中吃）。吃完饭后，嫁妆先行出门，抬去男方家中。

出嫁前夕，先由伴嫁姑娘领唱“东方月亮升起来，团团圆圆照四海”的歌词，然后姑娘们手拉着手围成团唱歌，叫“坐堂歌”。同时由一位子女双全的女性长辈（侍娘婆），将出嫁姑娘长辫梳换成鬟，叫“上鬟”；用红线夹去脸部汗毛，叫“整容”；换上喜装，准备随迎亲新郎回男方，同时表示姑娘时代的结束。

姑娘出嫁时都坐花轿，轿门由男方用红纸贴上上联，下联由女方相对，迎亲送亲队伍，前面由两童男用红旗杆挑着铜锣开道，再由一男子打一把带有流苏的大红凉伞带路，后面是乐队（古称“八仙”），新郎骑马紧随，后面是花轿和二人抬的“春盒”（也叫“亲贺”），轿后为送亲客（古称“銮驾”），媒人随行轿边为压轿，花轿进出村要过槽门（门楼），出嫁时由厅堂门口放鞭炮送到槽门口，迎亲、接亲要到槽门口放鞭炮接花轿到厅堂。接嫁侍娘婆扶新娘拜家神后进入洞房。

夫妻对拜（2014 年）

拜堂 新郎回家后，先要到接嫁侍娘婆家中沐浴、更衣，

理事先生在厅堂神龛前置香案，点香、摆三牲酒酌，接引新郎新娘来厅堂，同牵彩球带，步入厅堂香案前向内立，由理事人员司礼：一拜天地，二拜高堂，三夫妻对拜，送入洞房。

喝交杯酒、闹洞房 拜完堂后，送入洞房，在侍娘婆的指导下喝交杯酒，吃果品，吃第一杯酒后，吃粒桂圆，侍娘婆讲一句："吃个圆圆，夫妻团圆"；吃第二杯酒后，吃粒花生，侍娘婆讲："吃个花生，落地生根"，第三杯酒后，吃个红枣，侍娘婆讲："吃个枣子，早生贵子"；第四杯酒后，吃粒瓜子，侍娘婆讲："吃粒瓜子，养个儿子穿靴子"。吃完交杯酒后，新郎回到厅堂，随即喜宴开始。

喜宴开始前理事人员要安排席位，按习俗安排宾客依次坐席，并安排家中一个晚辈在每席筛酒、接菜（也叫陪酒）。出前 4 道菜由新郎端上菜，4 道菜后新郎每桌敬酒，招呼大家吃好喝好，随即"八仙"师傅开始唱戏。酒宴结束后，村中年轻人到新郎、新娘房中"闹洞房"，讨要新娘伴嫁的瓜果糖什吃。

招待多婆屋里、上茶 第二天早晨，称招待多婆屋里（新郎外公家人），外公家人坐首席，送亲銮驾坐次席，其他亲朋按辈安排依次坐席。新郎、新娘把前 4 道菜端上各桌，"八仙"唱戏，"打家贯"，恭贺喜家及各位道喜的亲朋好友，新郎、新娘在理事人员的带领下，手托红茶盘，盘中放 10 个酒杯，倒满酒，由新郎、新娘依辈分高低，从外公家座席开始敬酒，亲朋喝过酒后，打赏红包，也称给新娘的见面礼。

酒宴完后，父母、长辈们要喝新娘敬的茶，新娘要把随嫁的糖果等物摆上桌，筛茶敬家爷家娘（新郎父母），改口叫阿爸（父亲）、娭毑（母亲），随后依次敬家中长辈（女性），称呼长辈，长辈们随礼。

回门 第三天，新娘回娘家，称“回门”。须由新娘的哥哥或弟弟来男方接回去，新郎陪同，并随回门礼物等。新娘在娘家小住几日后，再由新郎接回家中，至此，整个婚礼算完毕。

丧葬习俗

在旧时，境内族人有“重殓厚葬”之习俗，过去阳山村人丧葬素来是棺木土葬，留传下一系列的丧葬习俗。

送终 老人临终前家中子孙们都必须守候床前送终。

入殓 老人死后，由族人移棺木摆放厅堂。棺木摆放规矩：男左，女右；移棺和棺木进厅堂时都要放鞭炮，然后由孝子（一般是长子）拿水瓶和银钱，到村中水井，用水瓶从水井中取水回家给亡父（母）洁净身体，整理装容，后以纸钱掩盖面部。然后在厅堂铺草席，把亡人置草席上，称“扯土气”。

入殓前要用饭碗盛石灰倒入棺木底部，排三行（上七下八中九碗），按亡者的岁数每 10 岁用白纸或香包纸（棉纸）包一大包石灰，余岁包小包，待用。棺底倒上石灰后铺层白纸，纸上铺灯草，草上铺棺被，放好用白布做好装有稻米的三角枕头。

“扯土气”完后，由族人抬尸入棺，放正。尸体要用亡者自己无扣子的棉布衣服及儿子、孙子们的贴身衣服塞紧，包好的石灰也放置身体两边，脚边放双陪鞋。再盖上棺被，头部仍然要盖着纸钱，然后把棺木盖错开盖着，选吉时闭殓。如有外出子孙没有回家的要等待他们回家看上一眼才盖棺闭殓。入殓后，烧稿枯（即亡者床上用品和身上脱掉的衣服）。

报丧 亡者死亡后，由族中叔侄去告诉亡者亲戚、好友等，称报丧。

闭殓 待家属和直系亲属来后，按时盖棺，封纸口，称闭殓。闭殓盖棺盖前要打开棺盖，拿掉盖在亡者脸上的钱纸，让家属和亲朋看最后一眼，闭殓后，绑好腰索，棺柩前面底部点上长明油灯。

孝子、孝孙要看好长明灯，不让其熄灭，晚上孝子、孝孙、直系亲属要在棺木边陪睡，直至出葬，叫守孝。

吊孝 待地理先生择吉日后，出葬前 2 至 3 日族中理事人员召集族人设置灵堂，接待前来吊孝的族人、宾客，族人、宾客都要在灵前上香叩拜，孝子在灵堂内跪拜回礼，族人、宾客礼毕平身后，要到灵堂内扶起孝子，要孝子节哀顺变，后双方拱手长揖。族人、宾客奉上挽联、花圈、钱物等。

请客饭 出葬前一天孝家长子着孝服，拿丧棍，在理事人员的带领下，到族亲家中请客饭，和拜请“双夫”（抬棺人），孝子跪在族亲家门外，不能进屋，也不说话，由理事人员说请，后族亲出门来扶起孝子。理事人员按族中请客饭人员中7个不同姓氏的女性，说好七姓盐茶米，待来日孝子来讨回备用。改革开放后简化，孝子不跪，只站到门外。

闹丧 境内历来都有“闹丧”的习俗，即出葬前一晚，孝家要拜跪“双夫”（一般20人）在家设宴招待，叫待侍“双夫”，宴时，孝子要跪上4碗大菜，席中孝家要发放草鞋、长帕给“双夫”。宴后，撤席、并桌，孝家备好瓜果糖点、茶水，“双夫”及村中族人将要唱丧歌“闹丧”，也叫“坐夜”。

“闹丧”时，先起鼓、锣、大乐，放鞭炮，后由“双夫”头（或族老）起歌：“一锤鼓锣架起台，桌椅凳子移过来；孝家门前一株槐，槐树头上挂金牌，唱歌师傅尽量唱，敲锣打鼓闹开台。”起歌后，其他“双夫”和族人紧接着唱，一般要闹到深夜，最后由起歌者唱拆台歌，放鞭炮，“闹丧”结束。

“闹丧”期间鞭炮隔段时间放一次，直至结束。

祭祀 也叫盖饭，一般灵堂设置后，第一次祭祀叫“开灵”，“开灵”后每天早、中、晚开饭前都要“盖饭”，至出葬时。“闹丧”完后，行吊孝祭祀，先主祭（孝子家人），再客祭（来吊孝的直系亲属晚辈），然后再家祭（孝孙，族侄儿、侄孙等）。出葬日，先行告迁（也叫引发）祭祀礼，完后拆灵堂，行宴席。

出丧 宴毕，“双夫”移灵柩出厅堂，到村边“扎双”（捆扎棺木），移灵柩前，孝家屋里每间房都要点灯，孝子、孝孙及直系晚辈都要戴白孝帕，手持3支点燃的香，跪于灵柩前，起柩时，鸣放鞭炮，乐鼓齐鸣，地理先生撒七姓盐茶米，孝子孝孙等在柩前，俯伏缓缓退步而行，到“扎双”地，复跪，待扎好起“双”时，孝子等送葬，男性送上山，女性家属返回家中，回家时所有孝服、白孝帕都要脱掉，不能穿戴在身上，带回家中。

起“双”后，家中长子手捧遗像在前引路，一路撒纸钱放鞭炮，鼓乐不息，孝子孝孙及直系晚辈男性，退步缓行到下葬地。其间还习惯“摆双”，即抬柩者在途中徐徐前进，并前左后右，或前右后左，有节奏地使棺木摆动，发出“嘎吱”“嘎吱”声响，此步伐也称“踩莲花”。“摆双”时孝家晚辈要跪在柩前不动，不“摆双”时起立退走，“摆双”也时进时止，以示不让死者离去的依恋之情。柩在途中不能着地，如路途遥远，休息时要把棺木放在长凳上。出柩后亲友迟来者，不能把花圈、挽联等物送到家中，直接送往下葬地。

下葬　抬柩到下葬地后，柩底垫白孝帕放于圹边，男左女右。祭“厚土”，暖圹（即在圹内烧麻秆、纸钱、灵屋等物）完后放棺木入圹中，拨正，压金，淋酒，撒雄黄，堆坟（棺木入土时，孝家孝子和直系亲属男子要跪于圹前，并放鞭炮，鼓乐齐鸣），完后，孝家送葬人员返程回家，回家时按来的路线原路返回，并且不能回头观望。遗像由家中长子面朝胸口捧回。

上神堂　孝子等人回到家时，家中已由理事人员贴上红对联、家神牌，燃放鞭炮接引上山的孝家人员，他们进家门时，理事人员每人发放一条事先准备好的红布条，披肩上，进屋后孝家上山人员沐浴、更换干净衣服。理事人员准备上神堂香案，毕后，进行上神堂仪式，将逝者遗像摆放进神堂。最后设宴答谢“双夫”和送葬亲朋，也叫“回双饭”。

送火　一般送火是下葬后送3天，第一天下葬回家后，到黄昏时节，用稻草扎好的火把在坟前点燃，第二天送到半路上，第三天送到村子边，送火时要喊3声亡父（或亡母）跟着回家，以示把亡父（母）接回家堂。

堆坟　一般是下葬后第二天（也有当天或第三天）堆坟，由孝子、孝孙和直系亲属男性肩挑、手提泥土，把墓堆成大圆坟。之后，女眷们带着圆饺粑上山祭祀亡人，所有亲属披麻戴孝，由长子带头，按序排列，燃放鞭炮，围着坟头顺转3圈，反转3圈，脱孝服回家，整个葬礼结束。

一般因事故或其他原因逝于外地者，亡人不得进村停于厅堂，只能在村边打厂篷进行丧事办理。

寿庆习俗　境内儿女历来都有为父母庆寿（祝寿）的习惯，一般父亲50岁开始，每逢整“十”岁时庆寿，母亲51岁开始，每逢“一”岁时庆寿。现随着生活条件的改善，不少儿女们每年都会为父母过生日，也叫“做日”。

旧时“做日”，儿女下帖邀请叔侄、亲朋到家中吃寿宴，请“八仙”唱戏。

做寿之日，厅堂首先摆香案，供奉三牲酒礼，挂寿字，贴寿联，庆贺者献寿幛、寿

村民寿宴（2020 年）

联、寿屏、寿酒、寿果；寿星着新衣坐中堂大椅受子孙一一跪拜。晚辈分列两旁，一一参拜，表示尊敬。男宾由寿星儿子回拜，女宾由寿星儿媳回拜。平身起后，双方作拱手长揖礼，毕后，叔侄、亲朋按辈为序入席共餐，并依次向寿星敬酒，祝福寿星长命百岁，福禄终身。主家则由儿孙们回敬叔侄、亲朋。20 世纪 50 年代后，寿庆仪式渐渐简化，不再跪拜，只设宴庆贺。

社交习俗　境内各种日常礼节较多。旧时，男子见面，双手作揖问好；女子见面道万福，见到长辈，双手垂立低头问好。有客人来家里，主家人起身迎客，相互问候、倒茶、让座、陪坐，设席款待客人。

同辈相遇，一般招呼“哪里来”“哪里去”“呷了吗”“干什么事去”等；行人问路，或指明方向，或带路相送，路遇拉车、挑担老人，上前推车或顺路带担、提拿；客人进门道福问安，出门时说“多谢”“烦劳”“吵烦”。宴请客人时，请客人上坐，按辈分、年龄长幼决定座序。一般在酒席场中，父子不同席，长幼有别。

境内席间有敬茶、夹菜、敬酒习俗，先退席者要招呼其他人“慢呷”，席后递茶送水，送客说“慢走”“有空再来”。境内红白喜事有相送钱、粮、匾等习俗，逢病逢灾，邻里前往探望、安慰，解囊相助。

其他习俗

剃胎发　一般新生儿出生的一个月后，家中长辈到阴阳先生处选好吉日，备上煮好的红鸭蛋和礼金，前往剃头师傅家给新生儿剃光头，并把新生儿剃下的头发（也叫胎毛）用红纸包好拿回家放至家中大门上方的砖缝里。这一习俗流传至今。

抢谱 每当新修家谱成功发谱之日，由于每个大房只有一部总谱头，村中大房族的各小房子孙便要派人护谱，抬总谱牒回家，沿路放鞭炮。当谱牒抬到半路时，各房子孙蜂拥而上，从护谱人手中争抢谱头，并且在抢谱时大量燃放鞭炮。据传说，谁房上抢到谱头，预示着那房会兴旺发达。这一习俗留传至今。

◉ 方言俗语

方言 阳山村因其生活和地域的关系，形成了一些方言土语。

称呼类

太祖——祖公、祖婆
祖父——爹爹、爷爷
父亲——阿爸
外祖父——多公
舅舅——太舅[①]、满舅[②]
姨父——太伢、满伢
儿子——满崽、厥崽
堂伯父、母——霸伢、霸霸
堂叔父、母——满满、婶婶
婆婆（丈夫的母亲）——家娘
祖母——婆婆
母亲——娭毑
姑母——姑得
妻子——夫娘
外祖母——多婆
舅妈——舅门
姨母——太娘、满娘
侄儿——侄伢
公公——家（gā，下同）伢

动物类

蚂蚁——火妞
青蛙——麻拐
蛇——杀拐
公、母牛——牛牯、牛婆
公猪——猪牯郎、猪头
母猪——猪婆
蝙蝠——洋老鼠
壁虎——悬皮丁
老鼠——夜家子、夜猫妞
蚯蚓——龙悬
蝴蝶——拿利坡
麻雀——麻妻鸟得

① 指比母亲大的舅舅。
② 指比母亲小的舅舅。

乌鸦——预屎鸟得
蜻蜓——秧通、秧落得
猫——猫妞
猫头鹰——猫妞脑壳
鹰——老哇
兔子——兔拐
穿山甲——鳞嘎
鳅鱼——泥鳅
蚂蝗——蚂王
阉过的猪——陆猪
公、母狗——狗牯、狗婆
公、母鸡——鸡公、鸡婆
公、母鸭——鸭公、鸭婆
公、母鹅——鹅公、鹅婆
没有下过蛋的母鸡——鸡浪
阉割的公鸡——线鸡
仔猪——猪崽崽
鳖——团鱼、脚鱼、王八
龟——乌龟
蜥蜴——狗胚杀
田螺——螺蛳
鳝鱼——黄旋聋子
刺猬——箭猪
竹根鼠——巴毛猪

植物类

南瓜——金瓜
怀山——野白薯
黍——产子
松树——枞树
蕃茄——广东辣
玉米——芦姑
橘子——柑子
四月蔓——调羹白
辣椒——辣子
梨子——肖梨
豆角——豆哥
绿豆——楼豆

其他类

米豆腐——刘豆粉
饺子——叫粑
锄头——脚头
铜锣——团锣
扫帚——扫杆
起床——起头
烧水——暖水
天黑了——夜挂了
煮稀饭——搞竹
好冷——好冻
哭脸——哭赖、喊冤、哭娘
娶妻——讨夫娘
分家——分火
骗人——哄人

阉猪——钉猪
癫痫——发羊角风
盛饭——张饭
手指——手指脑
晒谷场——拿地坪
猪肉——猪陆
扁担——担干
石头——杀脑古、马脑古
烟窗——烟洞管
棺材——木头、千年屋、寿木
吃饭——恰饭
天亮了——天光了
扫墓——挂纸
星星——天星
脚指——脚指脑
粉蒸肉——米粉陆
甜酒——酒糟
厕所——预屎、茅屎
窗户——窗户眼
睡觉——睡告
水开了——水炼了
插秧——事田
赶集——赶圩、赶闹子
吵架——骂高
打鼾——扯屁
离婚——脱离
游泳——打泡聋
老头子——老甲古、老甲拐
夜盲症——青光眼、鸡婆眼

砂锅——砂罐
打赤脚——打下脚
结冰了——赶够了
打架——打高
放屁了——打屁了
跑步——打飞脚、打飞马脚
疟疾——打摆子
抽搐——扯鸡脚疯
铁锅——鼎罐
打赤膊——打下坡
赤身裸体——跳卵精光
猜测——打古机
突然——懂弄古得
没有了——冒得了
瞌睡——打眼债
拔火罐——打针筒
结束——杀脚
种豆——点豆
退步——倒毛
毒死——闹死
偷懒——打摆子去了
不看事——眼镜猫起
抽穗——出线
喝水喝酒——恰水恰酒
出嫁——嘎老公
怀孕——巴士
分娩——养崽
婴儿——毛毛崽
生下来了——养出来了

砍柴——割柴
建房子——起屋造舍
建房子打地基——下脚
请客吃饭——哇酒
死亡——死瓜了
旱灾——天干
下坡——哈坂
走路——衡路
小孩——细嘎得
天刚蒙蒙亮——乌丝光得
拉二胡——盖二胡
上坡——上坂
猜谜语——猜古机
聊天——扯卵谈
玩耍——耍搞
理发——剪脑
拉锯——盖锯
瞬间——眨那眼得
割稻子——杀禾、割禾
播稻种——撒秧谷
磨豆腐——推豆腐
挑担子——当担子
浇水——淋水
做什么——干红马
出太阳——出日头
傍晚——日头眼落岭时候
晚上——夜布天
白天——日布天
很多很少——好多好少
步行——走路、衡路
远地方——吊州八排
跌倒——板倒
砍树——倒树
架桥——嘎桥
说话、讲话——哇事
劝架——扯干
首先——开头
翻土——歪沙
斟酒——筛酒
箕斗——粪基
大便桶——汙桶
起煤炭炉——架火
扫地——扫屋
抱起——揽起
背起——杯起
手舞足蹈——羊癫舞起
刻苦认真——好办蛮
暴雨——瓜勺倒的雨
淋雨——踩雨
下雨下雪——落雨落雪
喂猪喂鸡——杯猪杯鸡
乘凉——躲凉
针针计较——眼眼针穿起
烤火——嫁火
小孩黏人——像羊癫子样巴着
相互挨着——巴到一起
倒霉——背时倒瓜
惊吓——哈死了

遇到好的事——走运了　　没心情——冒耐心

被人看不起——丢人嫌弃

遇到不好的事——撞到鬼了、倒了八辈子霉

谚语

春雾雨绵绵，夏雾断水源，秋雾北风起，冬雾雪满天。

云往东，一场空；云往西，雨凄凄。

天上瓦块云，地上晒死人。

久旱禾苗露水大，不久定有大雨下。

响雷易明，闷雷难晴。

雨前雷声响，有雨都不大。

天上出天河（银河），地上晒死禾。

月亮生毛，大雨冲桥；月亮背枷，晒死老哇（乌鸦）。

烟囱不出烟，一定阴雨天。

不行春风，不布夏雨。

芒种忙种，作物全下种。

惊蛰麻拐叫，谷种浸三道。

惊蛰寒秧满塘。

不行春风，哪来夏雨。

东干（虹）日头，西干（虹）雨，南北划干（虹）涨洪许（水）。

日晕田中水，夜晕禾上霜。

雷声响立冬，十间牛栏九间空。

冬至一场霜，夏至干长江。

一日南风三日雪，三日南风雪半月。

二月清明迟浸谷，三月清明早浸谷。

秋发北（风），干死棘。

新米软，保眼前，新米硬，保长久。

清明断雪，谷雨断霜。

五月初五，冻死猫古。

桃子开花，叫花子打哈哈。

毛毛雨打湿衣裳，杯杯酒吃败家当。

宁当有日筹无日，莫待无时思有时。

人怕伤心，树怕剥皮。

成人不自在，自在不成人。

话不可说尽，事不可做绝。

大呷大喝眼前香，细水长流千日甜。

根深的树吹不断，水深的泉晒不干。

传儿千金，不如薄技在身。

彩云经不住风吹，朝霞遮不住日晒。

常说口里顺，常做手不笨。

前留三步好走，后留三步好行。

人听甜言易上当，马踏软地易失蹄。

忍一时之气，免百日之灾。

山高自有客行路，水深自有渡船人。

善不可失，恶不可长。

太阳虽暖不当衣，墙上画马不能骑。

一不积财，二不结怨，睡也安然，走也方便。

子孝双亲乐，家和万事兴。

不怕人不请，就怕艺不精。

学习如赶路，不能松一步。

月无夜夜圆，人无天天安。

灯不拨不亮，理不辩不明。

羊肉没吃到，惹得一身骚。

在家不敬人，出门人不敬。

做儿女时一条心，养儿方知父母恩。

人情可买马，买卖争毫厘。

歇后语

外甥打灯笼——照旧（舅）
眼睛看到鼻头——鼠目寸光
唇皮与牙齿打架——哪能事事顺
板刮撑下巴——磨洋工
走路踩死火蚰——慢吞吞
癞子脑壳上的虱子——好明显
七月半烧钱纸——哄鬼
请人哭娘——有眼泪出
牛角上挂秆——轻松
鸡嘴里不哇鸭嘴里事——半斤八两
屎壳郎拱屎——臭味相投
呷了苦瓜为崽死——心甘情愿
咬卵奔上坂——蠢死了
驼子翻筋斗——两头不落地
黄瓜打锣——丢了一砣
光滑青皮李——好看不好呷
老鼠掉进米缸里——走运
水浇鸭婆背——不起作用
兔子吹笛子——嘴不严
八月十五看龙灯——迟了大半年
看到草绳就喊——吓虚了胆
拿肉喂牛——不合口味
豆腐掉进灰里面——吹不得、打不得
马尾穿豆腐——行不通
哑巴吃糕粑——心中有数
蚂蟥叮到薅田棍——没好处
赖泡鸡婆领崽带——自找麻烦
瞎子郎中点眼药——笑死人
端午划龙舟——同心协力

◉ 山歌民谣

阳山村在悠久的历史进程中，广泛流传着乡风浓郁的民间歌谣，有情歌、嫁歌，有闹丧歌、咏史歌，也有劝世歌、劝孝歌等，题材丰富，多反映村民自然朴素的生活和真挚多彩的情感。由于岁月更迭，整理不时，很多歌谣散失，成为遗憾。

情歌

思情郎

女：

一根豆角两头尖，妹躲乡楼望哥来。心肝肺肠都想断，铁打眼睛也望穿。

等了一天又一天，望了一年又一年。独守空房心难熬，盼哥早抬花轿到门前。

男：

这山望见那山高，望见情妹捡柴烧。情妹冇柴我来捡，缸碗无水我来挑。

等了一天又一天，盼了一年又一年。
妹妹终于长成人呀，秋天我的花轿就到你门前。

闹丧歌

起台歌

一锤鼓锣架起台，桌椅凳子移过来。
孝家门前一株槐，槐树头上挂金牌。
唱歌师傅尽量唱，敲锣打鼓闹开台。

拆台歌

打起鼓来闹起台，唱歌师傅要收台。
孝家门前有蔸槐，槐树头上挂金牌。
早来三天有戏看，迟来三天拆了台。
今晚孝家事情多，唱歌师傅收了场。

劝孝歌

二十四孝歌

人文一脉五千年，善事父母孝当先。
终古立世此为本，佳话如云说不全。
昔日虞舜动天帝，宽厚尚能私怨捐。
恭敬如初双亲奉，芳名得共万古传。
刘恒仁孝闻天下，老母久卧病榻前。
自尝汤药何辞苦，安邦兴礼德如天。
子舆家贫采樵久，三省其身追圣贤。
萱堂啮指唤儿来，以礼待客大义旃。
仲由性情素豪放，思亲时时一嗒然。
念曾负米百里外，报慈恩泽诚可怜。
子骞丧母父填房，食不果腹衣无棉。
人生惨淡心不泯，芦花加身道犹蠲。
郯子深山取鹿乳，为疗双亲目疾焉。

人怜赤子肝胆热，以兹相赠签诚虔。
老莱自耕蒙山麓，奉亲双鬓白如仙。
着衣五彩以为孝，有子长可乐安便。
董永避乱凭为奴，敛赀葬父泪涓涓。
槐荫订盟天意也，秦晋同好偿佣钱。
丁兰木刻双亲像，事之若生心拳拳。
妻渎遗形大不顺，垂泪休黜告九泉。
江革背母遇匪盗，以泣恳求孝心室。
陆绩怀橘行可异，为亲知孝辨真诠。
郭巨埋儿天不助，得金侍母愿不偏。
黄香温席传遐迩，蔡顺拾葚感万千。
姜诗与妻并事母，王裒闻雷暮侧边。
南山孝亲乳不怠，王祥求鲤卧冰川。
吴猛夜坐恣蚊血，杨香扼虎与周旋。
孟宗哭竹忽生笋，高士尝粪忧心阒。
康叔弃官为寻母，其孝终不尘海湮。
山谷位高诗名重，涤亲溺器孝义传。
未抛根本乃君子，君子足可垂青编。

咏史歌

孟姜女思夫（节选）

孟姜在家思夫君，思恋夫君思恋情。
秦皇要把长城造，各州府县来抓人。
丈夫抓去无音信，我在家中不安宁。
白天思夫到深夜，晚来思夫到天明。
想起花园一段情，荷花池塘洗奴身。
瞧见万郎来藏躲，吓得孟姜胆颤惊。
向前将他来盘问，他叫奴家莫高声。
他讲他是落难人，要求奴家救性命。

孟姜一听是不安，只得仔细听诉说。
观他品行多端正，自为媒来自许婚。
结婚不到一整天，秦皇差官到来临。
压迫我夫要动身，去到边关筑长城。

劝世新歌

山歌好唱难起头，木匠难起九龙楼。
铁匠难打铁狮子，石匠难凿石绣球。
金鸡拍翅闹洋洋，今晚这里开歌场。
开起歌场大家唱，唱到月落太阳出。
如今政策真正好，党的决策暖人心。
勤劳致富家家乐，政策归心人人欢。
尊老爱幼要记牢，侍奉双亲要心诚。
邻里和睦家家好，兄弟姐妹要齐心。
勤俭持家富贵在，入奢容易入俭难。
兄弟相好同患难，夫唱妇随正纲纪。
积德行善福泽多，熟读诗书耀门庭。
诚实守信重孝悌，礼义谦卑须牢记。
勤耕苦做忌毒赌，家风家训刻心中。
口口相传到万代，承前启后振家声。

民谣

好过廖家湾，三年二届夺夺班，
台子打在禾场上，看戏人站在三垚上。

跌跌打打茅山塘，敲敲打打新屋场；
上坳下岭落坦坪，学打学法坳背湾；
吹拉介唱黄石铺，粜米粜谷廖家湾。

古居中的古桌古凳（2006 年）

人物

在600年的历史长河间，阳山先贤筚路蓝缕，以启山林，留下了许多感人故事，成就了许多先贤典型，传承了许多家教家风，成为后世的追忆与铭记。

◉ 人物传略

何自修（1337—1398） 生于元至元三年（1337），道州先贤、元朝进士何臣的孙子。小时聪明超群，熟读《诗经》《楚辞》，长大博学多才，有勇有谋。经乡试喜中举人，被推荐到桂阳州做学录（古代管教育的官职）。尽心履职，廉洁自律，奉公守法，关心民众，得到乡民的称赞和爱戴。任职满后，见桂阳民风淳朴，有古代先贤风尚，就定居在桂阳城。何海和何胜都是他的儿子，何氏宗谱记载："海公居廖家湾，胜公居柳下。"何自修是阳山何氏一脉与清和柳下何氏一脉的共同祖先。阳山古村建有自修园以示纪念。

何天禄（1498—1581） 字艮所，明代桂阳州人，祖先生活在道州，元朝末年，其祖何自修为桂阳学录，便移居到了桂阳。天禄 7 岁就能写诗，12 岁进入县学，才学出众，后来选拔为贡生进入南监学习。明嘉靖十三年（1534）参加应天府的考试，考取举人。后朝廷增补他为增城知县。何天禄做县令时清廉正直，才思敏捷，富有智慧，后半生以讲学为主。当时湛若水以兵部尚书身份在家乡，以新会陈献章先生为师学习"静学"，并成为"静学"泰斗。何天禄刚好在他的家乡做官，拜会他时两人觉得很投缘，于是天禄每天跟从湛若水游学，逐渐悟出了"静学"的要旨，便弃官回到阳山。建了所房子，取名叫"艮所书院"。还特别题写了"艮所"二字。从此，他闭门不出，研究学问，教育后学，多年之后辞世。

何佃（1542—1566） 字起莘，明代桂阳州人，从小聪颖敏慧，通习《尚书》。明世宗时与陈尚伊、汪应壁共同参加乡试，中得举人，何佃年纪最小，与他们两人齐名，被合称为"三俊杰"。不久，土寇在桐木冈起事，突然袭击，逼近州城，城中大为惊骇，何佃协助州官防御土寇。何佃带领大家沉着应战，抵御敌人，土寇围攻了一阵，不久就鸟散了。何佃因此获得了经世之才的名声。

桂阳州的营哨，原来设在芙蓉峰下，后来移到了北门，何佃提议修饬旧营哨，派乡丁在那里值守，根据地理形势构成州城防御的犄角。但知州以耗费劳力财钱为由拒绝了提议。何佃又再次提出，最终以充足的道理，耐心说服知州据守南山营哨，招募强壮勇士，凭借原来的堡垒，发挥出新的功效。为桂阳城的成功防御作出了很大的贡献。

何魁（1800—1855） 清代桂阳州人，从小骑马射箭无不精通，在道光八年

（1828）乡试中高中武举人。参加州城城防事务。清朝咸丰初年（1851），桂阳州按田地数派遣乡丁，在州城进行操练，整个桂阳州集合乡丁 300 多人。咸丰五年（1855）春二月，尹尚英率众匪寇从常宁县石门山出发，到桂阳州北部的白羊山一路侵扰，没有多久就流窜到舍人渡，直接威胁到桂阳州城。州城的人听说匪寇到来，都说要出兵去攻打擒拿匪寇。州府虽然出兵，但无领兵将领，兵丁们各自而行。后来大家才跟着何魁等人合兵出行。刘澍匀是千总刘澍覃的弟弟，单独请带兵与舍人渡乡兵团长侯东合兵一处。乡兵遇贼寇后，都不敢上前去攻打，反而举矛持枪跪地投降，只有何魁等人奋勇杀敌。终因寡不敌众，何魁等英勇献身。没受抵挡的贼寇长驱直入，直逼州城。接到警讯后，在郴州布防的湖北武进士谌琼林，领兵驰援桂阳州城。贼寇全被歼灭。

战斗结束后，谌琼林休整三军，上报军功，朝廷对死者进行嘉奖，何魁的家人被朝廷嘉奖为世袭云骑尉。

何富诗（1801—1881） 字可兴，官名何煌，道光五年（1825）中举人，钦加蓝翎四品都司官，与陈士杰、曾国藩等为友。少年时聪明好学，文思敏捷，少年老成。孝敬父母，尊老爱幼，常常救济需要帮助的乡邻。保家卫国，勇练本领，带领乡兵，英勇抗击匪寇。多次捐资捐物，巩固私塾教育，让村落孩童有书可读。补路修桥，供人们安全出行。兴仁义之举，不惜倾家荡产，2 次修建官溪龙颈渡石拱桥，只愿过往行人能平安跨渡官溪河。

何昌仁（1904—1934） 共产党员，1904 年出生于桂阳县东镇团廖家湾何家（今桂阳县正和镇阳山古村）一个富裕的家庭里，父亲何耀荣在玛瑙山开锡矿，家族中租田上千担，是廖家湾何家数一数二的富裕户，兄弟 4 人，家中排行老大。少时聪明好学，在桂阳读书后，受五四运动以崇尚民主与科学为主要内容的新文化运动的影响，较早接受马克思主义的熏陶，积极参加革命活动，在党组织的培养下，加入中国共产党。

1926 年，带领同村人何金金、何光房等人一起参加了共产党领导下的农民运动，主动要求自己家里和村中富户减租减息，平粜谷米，同时积极参加李克刚领导下的东镇乡农民协会，清除境内豪绅粮仓 20 多个，平粜谷米 5000 多石。开办平民夜校，宣传革命思想，破除封建迷信，帮助族人读书识字，开展禁赌、禁毒，打击偷盗现象。号召族人兴修水利，植树造林，改善生产、生活环境。

1927 年，“马日事变”后，为抵制国民党清乡委员会的清乡运动，协助族长何耀德，

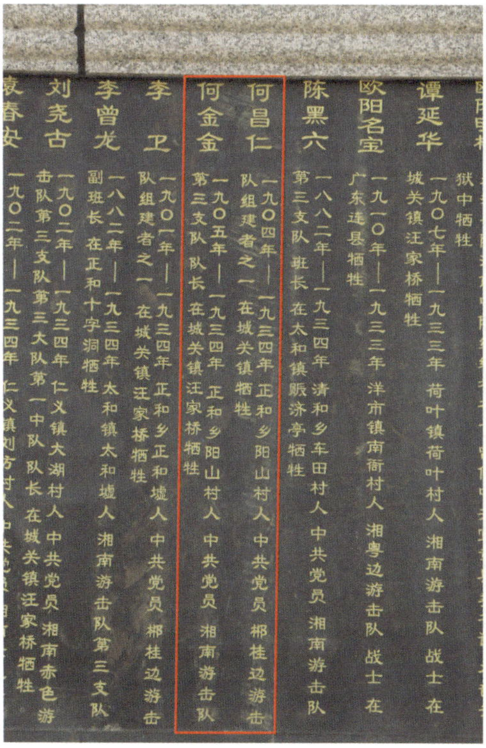

桂阳烈士陵园中阳山籍烈士名单（2016 年）

何昌仁烈士之墓（2016 年）

巧妙地破除了国民党的清乡办法，有效地保护了本地的共产党员和革命群众。

1928 年初，与共产党人李定国一起在东镇团（今正和圩）成立工农自卫队，发动群众打土豪、惩劣绅。协同工农革命军二攻桂阳，第二次攻下桂阳县城后，农民自卫队撤至郴县保和、桂阳阳山一带活动，在村东的藏诗楼设立秘密联络点，传递情报。

1930 年，与桂阳的刘茂、刘隆园、李定国一起经常相聚在李明楠在溪里魏家“昭忠祠”建立的地下活动联络站，读书习武，传递情报。1933 年 3 月，与李定国、李伟一起成立郴（县）桂（阳）边游击队，打击郴桂边一带的土豪、劣绅等国民党势力。1934 年，中央红军在反击国民党的第五次反“围剿”失败后，实行战略转移。湘南特委要求李定国、何昌仁领导的郴桂边游击队，为红军筹粮筹款，打通沿途道路，夺取敌人的枪支弹药，做好红军顺利通过桂阳境内的工作，确保红军安全过境。第一批红军过境后，国民党开展“大清乡”运动，大肆搜捕游击队干部、战士，因进桂阳城采购红军过境物资被叛徒出卖，与李定国、李伟、何金金、何光房一起不幸被捕，于 1934 年 11 月 4 日在桂阳县城汪家桥英勇就义，年仅 30 岁。1950 年，被评为革命烈士。

何昌西（1910—1997） 字仲华，生于1910年，桂阳县正和乡廖家湾何家人。1926年1月入学黄埔军校，编入入伍生三团，3月经考核合格，转为黄埔四期正式学生，被编入步兵二团，同年10月毕业，毕业后历任国民党某部连长、营长、团长等职。抗日战争全面爆发后，他先后参加了多次战役，如上海保卫战等。在一次与日军激战中负伤，回老家养伤。在家结识了中共地下党工作者彭昌杰、彭嘉芳。1948年，与彭嘉芳等人组建了湘南挺进纵队地下组织。任临武、蓝山、嘉禾、桂阳边区的游击队桂阳支队副队长，在中共党组织的领导下，为促进桂阳和平解放作出了一定贡献。解放后，随部队收编，在长沙军训后统一分配到桂阳县税务部门工作。“文化大革命”期间，被戴上“反革命分子”的帽子，后下放回乡到廖家湾何家劳动改造。1985年，恢复国家干部身份，被安排到县政协工作，当选为黄埔军校同学会桂阳县联络组组长，为统战工作发挥余热。

何昌岸（1911—1987） 又名何登成，湖南大学测绘专业毕业，测绘工程师。1951年在长江水利委员会工作，在测绘三勘队担任队长（处级），参与武汉长江第一大桥的测量工作、湖北陆水大坝勘测工作、宜昌葛洲坝测量工作等，一直参与国家大型水利工程勘测和测绘工作，直到退休。

何耀春（1927—1990） 1950年参加抗美援朝志愿军，1952年参加荆江分洪大工程，立功受奖。复员后分配到郴州408队勘探队工作。

何耀春对家乡父老始终怀着热情。20世纪60年代，为了方便老家村民收听国家大事，毅然拿出几百元钱，买了台大型收音机捐给村里。1982年春，已经退休的他又拿出四五百元为村里添置了20桌餐具，方便村民做红白喜事。

退休回老家安居后，他更加倾心于公共事务。20世纪七八十年代，材料湾进出的路多为羊肠小道，山路弯弯，荆棘杂草不时长出来，掩盖道路。一年四季，何耀春只要见到道路边的茅草、荆棘长高了，他都会上路剪铲清除。如果路面被山洪冲垮了，他也总是第一个在前面挑来土石填补。有一年，村里龙沟上的一座青石板桥被牛踩断，严重地影响了村民的出行安全。知道后，他又自己拿钱到圩场上买来钢筋水泥把桥建好。他不但热心公益做好事，还经常帮助有困难的乡亲渡过难关。谁家办大事缺点钱找他借，他总是快心快意地借给别人。他常说：“在农村赚钱不容易，养头猪都要一年多才出栏呢。”他总是这样体贴人、帮助人，一心想着为村里做点事。

何善英（1942—2013） 又名何兵。长江工程大学毕业，毕业后在长江水利委员会设计院工作。曾参加三峡水电站、宜昌葛洲坝水电站、湖北清江水电站、丹江口水电站、江西万安水电站等电站的照明设计工作。1991 年，在长江水利委员会立功竞赛活动中荣立二等功。1993 年，在长江水利委员会立功竞赛活动中荣获三等功。1996 年，被长江水利委员会评定为高级工程师。

何昌玉（1936—2021） 又名何雄武，初中毕业后，1956 年报名参军，参军后被派遣到中国人民解放军第三汽车拖拉机修理学校进修。1959 年加入中国共产主义青年团。1960 年通过考试，被中国人民解放军汉口通讯兵技术学校录取。1961 年 11 月，加入中国共产党。1962 年，由于福建前线紧急备战，教员、学员都纷纷要求上前线，8 月份完成学业，提前毕业，被分配到福州军区某师通信营，任载波技师。1966 年调某团通信连担任有线电技师。1970 年 9 月调重庆某部队通信学院（营级干部编制）。1981 年 9 月调广州军体院载波教研室工作，直到退休。广州军体院教授，享受正师级待遇。1959 年、1986 年分别荣立三等功一次。1959 年 7 月，被中国人民解放军武汉军区授予“五好战士”的荣誉称号。1991 年 9 月，获得“工程师”资格证。

名人履痕

李木庵（1884—1959） 湖南桂阳新屋村人。中国当代著名法学家、诗人、书法家，延安“十老”之一。清光绪二十五年（1899）考取秀才，不久入长沙岳麓书院、京师国子监进修。后考入京师法政专门学堂，1905 年毕业。先后在湘学堂、八旗学堂、政法学堂任教，并担任报社笔政，撰写文稿，宣传革新思想。1911 年，辛亥革命后，任广州地方检察厅检察长，后到北京、天津担任律师。1914 年去福建办学，兼理省路局路政。此后，任闽侯地方检察厅检察长、闽侯县知事和福建督军公署秘书等职。1925 年春，赴福建进行兵运工作，加入国民革命军，被编入第十七军，任军政治部主任。同年夏，加入中国共产党。1926 年 7 月，被编入北伐军东路军。1927 年春，随军经浙江、江苏进攻南京，在攻打南京战斗中负伤。“四一二”政变后，受到蒋介石通缉，隐匿在上海靠卖文字为生，仍同中共组织保持联系。

李木庵

1931 年，李木庵回家省亲，化名何樊木与侄儿李定国、李伟、何昌仁等人筹建郴桂边游击队，在正和、阳山、芦村一带进行革命活动，指导成立了中共三角田支部，由李宗严任支书，长期开展地下革命工作。其间有诗作《感时》(1933 年):“我愿问天天不语，苍生霖雨讵无缘。”表现出对时局的忧虑、对百姓的关切。

1935 年春，被中共上海地下党组织派往西安开辟工作，到杨虎城部宪兵营任书记。4 月，中共西北特别支部成立，任宣传委员。6 月，参与组织成立西北各界抗日救国联合会，任总务部负责人，参与领导开展西安地区抗日救亡运动，并在东北军和西北军中开展抗日民族统一战线工作。西安事变后，积极宣传团结抗日，在西安坚持斗争。

1937 年，抗日战争全面爆发后，他奉命回到家乡，在桂阳东镇乡的正和、阳山等地举办抗日自卫游击干部训练班。1939 年秋，开办桂阳县战时中学，任校长，为抗日战争培养了一批干部。1940 年，受顽固派搜捕，11 月，辗转到达延安。

1941 年起，担任陕甘宁边区高等法院院长、检察长。1943 年，任陕甘宁边区参议会参议员、法律顾问和中国解放区行动纲领起草委员会委员等职；参加并主持怀安诗社的具体社务。主编《怀安诗刊》，写有《西北吟》《解放吟》《窑台诗话》等诗稿。解放战争时期，任中共中央法律委员会委员。1948 年，随中共中央到达河北省平山县西柏坡，曾参加起草《中国人民政治协商会议共同纲领》《中共中央关于废除国民党六法全书与确定解放区的司法原则的指示》等法律文件。中华人民共和国成立后，李木庵任中央人民政府司法部党组书记、副部长、中央法制委员会委员、中央法制委员会刑事法规委员会主任委员和全国政协委员等职。曾主持编写刑法草案，参加《惩治反革命条例》《惩治贪污条例》《中华人民共和国婚姻法》等法规的起草和审定工作。1955 年，任最高人民法院顾问、湖南省政协副主席。第二届全国政协委员。1959 年，在北京病逝，最高人民法院挽联云“法律家、文学家，群推长者；为革命、为人民，功在国家。”著有《延安雅集》《延安新竹词》等诗篇。其诗作亦多收入《十老诗选》和《怀安诗社诗选》。

谷子元(1908—2002) 湖南耒阳市大义乡杨家冲人。1924 年，考入省立三师附小学习，毕业后，升入省立三师学习。1927 年 3 月，加入中国共产党。1928 年，参加湘南起义，任少共耒阳第十八区工委常委、区农民自卫军营长。主力部队上井冈山后，谷子元奉命留在当地坚持斗争。1928 年 4 月，转移到湘粤边乳源县梅花区，以泥木工人身份作掩护，建立中共梅花特支，任特支书记。1929 年 5 月，与尹子韶等建立中共湘粤边工委，任工委委员。9 月，任中共湘南（驻粤）工委宣传部长。在宜章、乳源、乐昌边境发展党组织，建立游击武装。1931 年秋，任中共临武香花岭工委书记。1933 年 1 月，担任中共宜（章）乐（昌）县委书记。

谷子元

1934 年 1 月，受湘南特委派遣，谷子元（化名李耀祥）、王涛率红四团一营到郴桂边七姊石、阳山一带开展游击斗争，同年秋，带领郴桂边游击队为迎接红三军团过境阳山，筹集物资，扫清障碍，保驾护航。1935 年春，领导重建中共湘粤工作委员会，任工委书记。1936 年 6 月，谷子元返回桂阳，继续发展巩固党组织，开展革命活动。1938 年春，谷子元任重建后的中共湘南特委委员，在桂阳发展党员 20 余人。同时，协助李木庵开设桂阳县东镇乡正和、阳山等地的抗日自卫游击干部训练班和桂阳战时中学，积极协助湘南特委组织人力、购集枪支物质，开赴抗日前线。1942 年冬，任中共湘南特委负责人。1943 年夏，奉命赴重庆，后转延安，进中央党校二部学习。1944 年冬，随王震、王首道率领的南下支队回到湖南，任临时湖南省委委员、湘南老区工作特派员。1946 年 1 月，与李林、何大群等到桂阳，与桂阳党组织负责人徐行等磋商党务，传达省工委会议精神。1947 年 7 月，任中共湘南工委书记。1949 年 4 月，到桂阳传达上级精神，组织地下武装。6 月，任粤赣湘边人民解放军湘南游击司令部司令员兼政委。中华人民共和国成立后，先后任衡阳专署副专员，湖南省政府政法委员会副主任，湖南省监察厅党组书记、厅长，湖南省人事局局长，中共湖南省委统战部第一副部长，湖南省政协副主席等职。

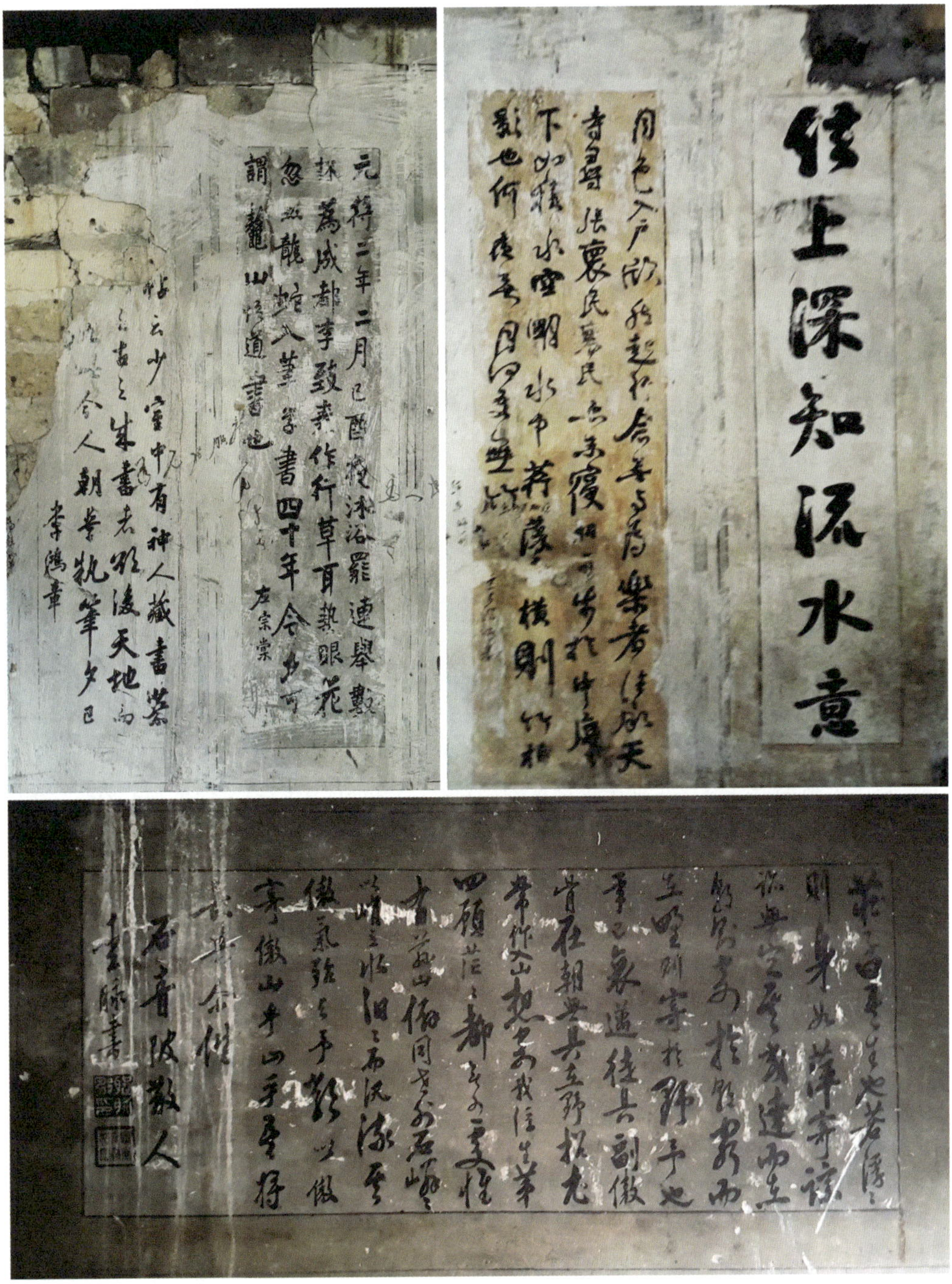

花屋名流题字集锦（2018 年）

大事纪略

对阳山村内发生的重要事件的简略记录，所记之事涉及全村且影响重大。因资料记录有限，难免断续零碎，但沿时间顺理下来，仍可见历史之鱼背龙脊。

◉ 明嘉靖十六年（1537）设置“艮所书院”

明嘉靖十六年（1537），何天禄受湛若水“静学”思想影响，为培育家乡人才，辞去增城县令之职，回家乡廖家湾何家创办乡学，取名“艮所书院”。

◉ 清道光二十四年（1844）何煌父子建官溪龙颈渡石桥

清道光二十四年（1844），何煌在回家途中，听到官溪龙颈渡木桥朽坏掉落水中而溺亡 5 人，决心用石头修建此桥，遂发起捐资建桥，捐得银 2000 两，建桥实用银 3000 余两，缺口部分全由何煌家承担。20 年后的同治三年（1864）七月初七，大水把三拱石桥冲毁得只剩半拱。何煌父子再次发起捐资建桥，所捐的几百两银元都是口头数没收到现金，而建桥在急，所需几千两桥资全由何煌家倾家荡产承担。耗时数月，于当年年底建成。

◉ 1934 年红军长征过境阳山

1934 年 11 月 13 日，中国工农红军第一方面军第三军团一部，经郴县安和、保和圩过枫树坳进入阳山境内。时值傍晚，红军在沿途的溪边、村边、桥头宿营。并在枫树坳处决了部分从江西带来的土豪劣绅。离开前，在寿亭桥接收湘南游击队筹集来的粮饷物资，有借来东西的还当面给借主写了票据，并向沿途的村民宣讲革命道理。

当时，红军来到村口，老百姓一看到背枪的来非常害怕，纷纷逃到山里去了。后来通过红军耐心解释，说自己是保护老百姓的队伍，大家看到红军不拿不抢，还帮村民做这做那，才从山里出来。军民关系很快融洽起来，老百姓还纷纷给红军送粮送菜，村民何世基挑着一担削了皮的红薯想送给战士吃，战士却一定要先给钱才肯拿。

◉ 1938 年抗战时期成立中共阳山支部

1937 年 7 月，抗日战争全面爆发。中共桂阳县工作委员会，为了执行中共中央发出的全面抗日政策，更好地宣传中国共产党的抗日路线方针，1938年，在阳山成立中共桂阳县阳山支部，支部书记李振兴。1940年冬，阳山支部并入其他支部。

◉ 1951年阳山村土地改革

1950年6月30日，中央人民政府颁布《中华人民共和国土地改革法》，决定废除地主阶级封建剥削的土地所有制。1951年7月，桂阳县开始在全县87个乡分三批进行土地改革，阳山乡为第一批。土改工作队进驻后，充分发动群众，开展前哨战，划分阶级成分，征收、没收地主、富农财产，分配给贫雇农。召开胜利大会，勒令地主、富农亲手将土地、房产契约和其他借据当场焚毁。1952年，阳山村所有村民都拿到桂阳县人民政府签发的土地证。

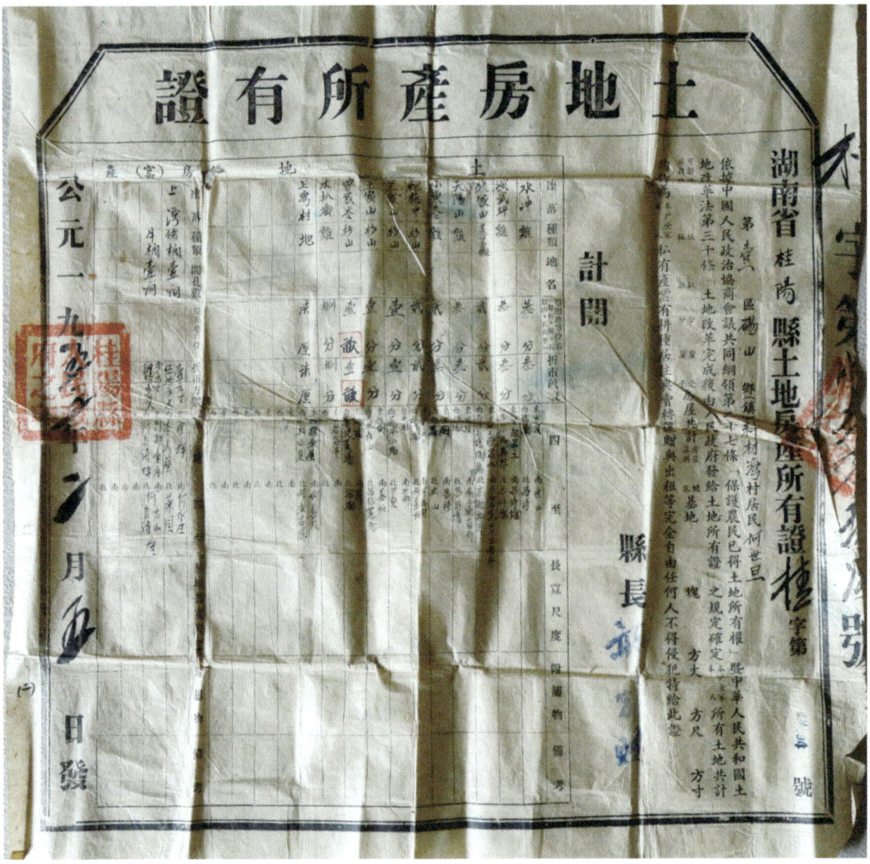
土地房產所有證

湖南省桂陽縣土地房產所有證 字第 號

依據中國人民政治協商會議共同綱領第二十七條保護農民已得土地所有權，暨中華人民共和國土地改革法第三十條土地改革完成後由人民政府發給土地所有證之規定確定……所有土地共計……方丈 方尺 方寸

……私有產業有耕種居住典賣轉讓贈與出租等完全自由任何人不得侵犯特給此證

計開

縣長

公元一九五二年 月 日發

1952年，桂阳县人民政府颁发给村民的土地证（2019年）

知识青年上山下乡到阳山旧照（1969 年）

◉ 1968 年知识青年上山下乡到阳山

1968 年，全国掀起了知识青年上山下乡热潮。这一年，李雪庭、马丽等五六十个知识青年到了阳山村，与村民同住、同吃、同劳动。白天，他们从事繁重的农业生产；晚上，他们组织当地年轻人一起学文化，成立毛泽东思想文艺宣传队排演样板戏，丰富群众的文化生活。从 1972 年开始，知识青年陆续返城，到 1976 年知识青年上山下乡工作基本结束。

◉ 1982 年阳山村杂交水稻制种

1982 年，为了提高村民的农业经济收入，在桂阳县农业局和正和乡政府的支持下，阳山村推行杂交水稻制种技术，全村共有 70 公顷水田种植制种水稻，每亩产量均突破 150 千克，最高产量达到 185 千克，全村每年水稻杂交制种产值突破 75 万元。因水稻杂交制种要进行土地轮作，1984 年后没有再种植。

◉ 2006 年阳山古村被评为中国十大古村

2006 年，经全国旅游相关部门评定，与安徽西递宏村、广西灵山大芦村、江西婺源村、广东雷州邦塘村、贵州平坝屯堡文化村、浙江兰溪诸葛八卦村、陕西韩城党家村、山西襄汾丁村、江西赣县白鹭村一起被评为中国十大古村；2006 年 9 月 16 日，湖南 · 郴

中国十大古村结盟石（2006 年）

州生态（民俗民居）旅游节上，中国十大古村首次进行结盟，阳山古村名誉村长何昌亮就中国古村共同开发保护工作，发表《阳山宣言》。

◉ 2006 年阳山古村被评为湖南省文物保护单位

2002 年，经湖南师范大学、湖南大学、湘潭大学教授专家组对阳山古村考察，发现阳山古村的古村落和古文化有着深厚的底蕴。郴州市、桂阳县政府有关部门充分挖掘整理阳山古村的古村落和古文化资源，经湖南省政府相关部门审核通过，2006 年 5 月 31 日，阳山古村被评定为湖南省文物保护单位。其保护范围：以研经第为中心，北面抵伏牛山，东西以保存较好的历史建筑为界，南以太极广场为界，面积 22900 平方米。

◉ 2006 年郴州（湖南）生态民俗民居山水旅游节在阳山村举办

2006 年 9 月，第三届郴州（湖南）山水旅游节在阳山古村举办，此届旅游节被确定为民俗民居旅游节。9 月 16 日开幕式当天接待国家级、本省、粤港等地媒体记者 156 人，大型省级旅游节采访团1个，零星记者170人，全方位地对阳山古村和节会进行报道。在全国各大媒体播发1000多条稿件。开幕式那天有1万多名观光宾客和群众云集阳山古村。

2017年阳山古村被评为全国第四批传统古村落

阳山古村落建筑群背靠青山，前有溪水。其民居规划严谨，布局合理，生态与文化结合完美，具有湘南典型的古村历史底蕴，且长期以来得到了良好的保护。2006年，被认定为湖南省文物保护单位后，村里出台古村落保护公约，严格报建审批，杜绝乱拆乱建行为，清除违规违章建筑，遵循“保护第一，修旧如旧”等原则。2017年，桂阳县正和镇阳山村阳山古村被评为中国第四批传统古村落。

中国传统村落标识牌（2019年）

◉ 2019 年第十五届“三月三诗会”成员组参观阳山古村

2019 年 7 月，第十五届“三月三诗会”在桂阳举行。7 月 21 日，诗人舒婷、欧阳江河、陈东东、庞培、宋琳、郑小琼、陈仲义、肖水、雷武铃、谭克修等 40 位诗人云集阳山，参观阳山古村落，并与村民进行面对面的联欢活动。舒婷当场赋诗一首“天下古村落，阳山最心仪；支书有抱负，村民好福气”，欧阳江河挥毫题字——“阳山古村”。

“三月三诗会”部分成员在阳山古村合影（2019 年）

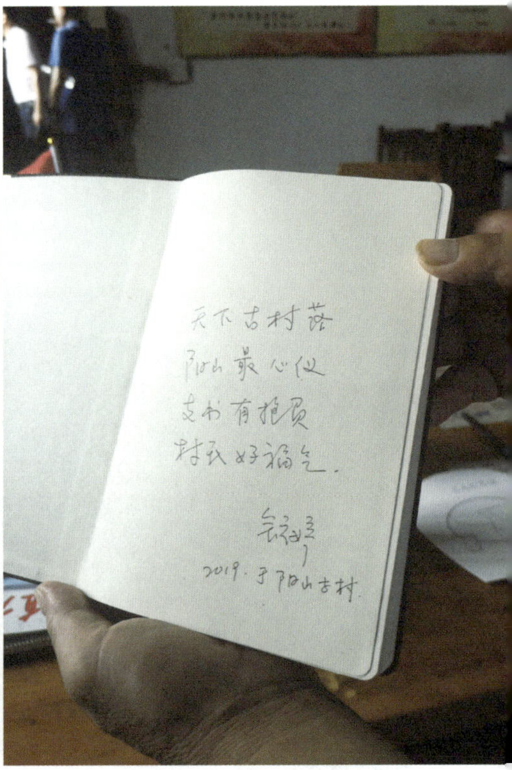

“三月三诗会”中，诗人舒婷到访阳山并留言（2019 年）

◉ 2020 年阳山村被评为国家森林乡村

2020 年 1 月 17 日，国家林业和草原局公布第一批 3947 个国家森林乡村名单，桂阳县正和镇阳山村光荣上榜。2000 年以来，阳山村通过大力植树造林，封山育林，加强保护森林宣传和森林防火，打击盗砍滥伐行为等活动，全村 98% 以上的山地覆盖上森林，实现山绿水清、环境优美的美好愿望。

◉ 2020 年阳山村被评为湖南省省级文明村

在湖南省 2020 届文明城市、文明村镇、文明行业、文明单位、文明标兵单位、文明家庭、文明校园、文明标兵校园评选活动中，桂阳县正和镇阳山村被评为湖南省 2020 届省级文明村。

◉ 2020 年修建阳山历史文化长廊

为弘扬优良传统，传承红色基因，赓续红色血脉，讲好阳山故事。2020 年，阳山村筹资 20 余万元，在阳山古村修建了一条长 24 米、宽 3 米、高 2.6 米的历史文化长廊，用以展示阳山历届乡贤的优秀事迹，记述阳山红色故事。

◉ 2021 年新“六会”获评湖南省第二批优秀村规民约

阳山新“六会”村规民约在参加 2021 年由湖南省文明办、湖南省民政厅举行的湖南省第二批优秀村规民约（居民公约）评选中，被评为湖南省优秀村规民约（居民公约）。

村口的省级文明村标志牌（2020 年）

阳山村历史文化长廊（2020 年）

附录

本乡本土之人写本乡本土之事，或趣味横生，或情真意切，或谆谆教诲。有泥土的味道，有教育的启迪。

◉ 文献辑录

阳山何氏家规家训

阳山何氏家训主要有 3 部分，它们出现于不同时代，或简或详地陈述了对族人行为的规范和要求。

家训九条

一曰孝父母：父母恩，如天高；为子者，当思报。

二曰友兄弟：兄弟间，要相好；患难间，勿失义。

三曰谨夫妇：夫妇义，礼所制；正纲纪，慎威仪。

四曰叙长幼：敬长上，礼当尊；为子弟，须谦卑。

五曰敦行善：常积善，福泽多；乡邻和，子孙衍。

六曰训读书：读诗书，晓文义；登科第，耀门户。

七曰奖行谊：重孝悌，宜褒奖；行德善，须传扬。

八曰崇节俭：入奢易，入俭难；俭持家，宜勤劳。

九曰安生理：渔耕读，乃根本；勤耕作，勿失时。

家训“十二训”

训孝　古有二十四孝言传千秋，今有严父慈母养育吾身。自古布道，首在明伦，伦理之教，必以行孝为先，帝王统领天下为一家，故以孝治天下，而其教天下知。庶民联一族为一家，则当孝训一族。鸦有反哺之义，羊有跪乳之恩。况为人乎？孝父母如孝顺天，天心不可欺，父母不可怠。孝之心诚，瞻之勤谨，常问饥饱暖寒，病患床前多尽责。孝父而母，子孙相传，瓜瓞绵绵，而保子孙之永昌。

训敬祖　夫人之有祖，犹水之有源，木之有本也。水之潺潺其源必远，木之欣欣其本必固。子孙繁衍，其祖德积之厚也，水木无知，充盈归海，荫落归根，似有返本之义。人于宗祖可忘报追之道乎？吾族自元开基，卜居兹土，已历数百余岁矣，豫章南州分脉，历年已久，列世坟茔，亦有坍塌，每诣奠扫，无所探寻，遂考询谱牒，查之根源，使子孙咸知其所。族之诸伯叔昆弟，多置祭田，立有祭会，俾祭扫各有所资。报追之道虽式微，孝思之心则各尽所能耳。吾族子孙当以敬祖诚心，尊祖意长，遇祭扫毋怠忽，敬奉吾祖考妣先灵，保吾后世，如水之潺潺，木之欣欣向荣也。

训长幼　长上礼当尊敬，不可傲慢。吾族为子弟者，须尽尊卑长少之分。如侍长者之侧，命之坐方坐，有问则起而对。至如出恶言以相骂，逞血气以相殴，则为以少犯上，渐不可长，切不可为。吾族子孙务必和睦，富毋持财而骄，贵毋挟爵而傲，勇毋持力而侮，事长上必以敬，御卑幼必以礼，勿以疏而忽贫，而慢年幼，而亵狎妇女。至于婚姻丧葬不能自举者，当出资以助之。则族兴人盛，万代宏昌矣。

训读书　宋真宗云：富家不用买良田，书中自有千钟粟。安居不用架高楼，书中自有黄金屋。娶妻莫恨无良媒，书中自有颜如玉。出门莫恨无人随，书中车马多如簇。男儿欲遂平生志，五经勤向窗前读。读贤圣书，明诸家理。兴家旺族，光耀门庭。吾族子弟皆以读书为先，以读书为荣，而读书以勤苦为本。吾族为父为兄者，须延师取友，教子弟以诗书，令其晓通文义，不令放纵偷安。若不教读书，甚至子弟目不识丁，纵富必为愚痴顽蠢之夫，贫则甘为人下而不知变通矣。耕读传家，家道兴隆，子孙聪颖耳。

训节俭　人情由俭入奢易，由奢入俭难。人能节俭，则必勤劳，劳则逸欲之心不生，而可以保身持家。若不节俭，必至于侈衣食，崇宫室，好珍宝奇怪之物，习狎小人，嫖饮赌博，鲜有不至于破家荡产者。凡吾族子孙当思父功刻苦，祖德勤劳，克勤克俭，毋怠惰，毋事纷华，毋好奢侈靡乱，毋好高，毋争产，毋赌博，毋诉讼。士必扬名，农必积谷，工必手巧，商必盈资。常使衣食充裕，其裘不失。常务习勤劳，服食居处，崇尚俭朴，一应奢侈嫖赌之事切不可为。切记：常将有日思无日，莫待无时思有时。

训忠　尽己为忠，中心为忠。忠为大义矣。故不忠为省身之首务，效忠乃匡国之要图。孔孟之言谈，圣贤之明训，皆详记于典籍矣。吾等族人皆以社稷为怀，保土为责，城颓而尽节，盛世而欢呼。凡于应事物之际，尽其心而竭其力耳。

训信　行己之实言，谓之信。信为人之基始也。昔孔子以輗軏，喻信之不可无。信可行之蛮陌，不信则难行于州县。圣贤之著书立说，无不以信为指引，亦以信为根本。则信为传家之宝，后世族人切莫弃焉。

训礼　人禽之别，在于礼教。放眼百行，安可无礼。大于见宾、祭祀，小之揖让、周旋，礼固不可不周也。人不知礼，则上下不分，尊卑无辨，相鼠之讥，何以能免。吾之族人，勿论职列大小，皆以清身洁己，以礼待人。遇事临危不苟，握节以殉。动必以礼，常变不渝，而名垂千古。吾族后裔，其持身接物，尤当循规蹈矩，无忝于先人之礼节焉，庶乎可矣。

训义　以义制事，动合时宜，见义不为，实目无勇。圣贤立身行己，可舍生取义，仗义疏财，断不至见利而背义。故不义之行，人所深恶。好义之士，众所咸钦。古之义士，仗义以诛阉宦，守义以辞请谒。惟其知义之为义，乃能勇赴义也。吾愿后人，以背义为戒，而以前人之重义者为法，可也。

训廉　古语云：贪夫殉财，烈士殉名。故为富不仁，世人唾之，见得思义，特重子张。临时不苟谓之廉，廉者察也。察其所当取而取之，是谓义。然后无伤于廉也。若不辨礼义，利令智昏，虽千驷万钟，名节安在？吾族先祖，任宦俱以廉称，史册皆以廉纪，清白传家。吾族后辈，当绳先祖之德，为士当清正廉明，两袖清风。为庶则遵纪守法，社稷当先。

训耻　孟子云：人不可以无耻，人而无耻，则凡卑污、苟且、卤莽灭裂之事，何所不为。世间凡趋炎附势，谄富欺贫，败名丧节，昧己瞒心，乃天下之最可耻者也。知其可耻而毅然除之，人格自高，人纲自正。吾祖先辈俱耻攀附权贵，独立不群，故能清操拔俗，丕振家声。知耻近乎勇，维兹后进，尚其敬承先德，以迪前光。

训善行　古训云：作善降之百祥，作不善降之百殃。盖至善无恶者，人之性也。福善祸淫者，天之道也。为善则顺之，而获福。为恶则逆之，而降殃。理之所必然者也，人岂以不为善。今如为善，期如圣贤，虽不可一蹴而至，苟能奋然儆省，惕若戒励。入能孝，出能悌。不昧心负人，不欺心骗人，不忍心害人。刻薄暴戾之行勿为，济人利物之事行之。日积月累，安知善之不已乎！循是而进，圣贤地位可驯至，百祥之福有不降自天耶。福纵未降殃可免矣。人不可以不为善，余无片善，可纪然存恒存戒，惧不敢为逆。理事见人有争者，息之。灾者救之。贫老无依者周之。道之艰步、水之病涉者，杜之平之。唯勉强学好而已。昔昭烈戒子曰：勿以善小而不为，勿以恶小而为之。世人皆多积善，可保子孙繁衍，福泽深厚。吾族之人当体此意，毋以尊凌卑，毋以强凌弱，毋以众暴寡。无论宗党姻友，邻里乡梓，皆以和睦处之。切记！切记！

家训“三字经”

国有法，家有规，无规矩，哪方圆，承祖训，代代传。天下事，孝为先，孝父母，必亲躬，父母恩，如天高，常尽孝，近膝前。事兄弟，需相好，同患难，勿失义，兄弟齐，断金石。敬长上，礼当尊，为子弟，须谦卑。睦宗亲，和妯娌，多聚议，莫反目，众拾柴，火焰高。夫妻义，礼所制，夫主唱，妇紧随，互信谅，莫欺瞒。一家人，常团圆，重孝悌，奖行谊，互尊重，莫揭短，褒行善，美德扬。尊圣贤，守礼制，护羸弱，爱幼孺。常积善，福泽多，邻里和，子孙衍。勤攻书，晓文义，效贤圣，立大志，尊孔孟，讲中庸。学做人，德为先，讲道义，行善举。兴儒学，礼义谦，尊师长，勤问道；三人行，有师焉。真善美，自幼习，诚有信，行必果。惜光阴，莫虚度，求学问，无止境；三更眠，五更起，读诗书，报社稷，光甲第，耀门庭。严教子，莫娇惯，讲原则，护信义，守法纪，莫贪罔。严律己，宽待人，名利事，莫追逐。心止静，天地宽，遇大事，多商议。众亲人，紧抱团，同心力，定胜天。遇艰险，莫慌乱，顾大局，舍私利，虑长远，莫慕近，明是非，善决断。亲朋聚，多询问，明事理，细思量，慎其行，莫妄言。黄赌毒，最害人，毁家身，莫沾染。打砸抢，乱朝纲，覆社稷，我族人，切莫为。居安时，多思危，常醒目，杜微渐。常省身，辨事理，人知耻，而后勇，品行端，垂典范。莫造事，生冤孽，乐助人，解危难。恶与善，终有报，广积德，瓜瓞绵，常行善，荫后世。常炼身，颐天年，渔耕读，乃根本，勤劳作，勿失时。本家训，金玉言，常温习，刻心端，启后裔，共遵勉。

阳山李氏格言家训家规

李氏格言

俭用可以维礼，廉取可以养仁，多吟可以存性，寡欲可以治心。

逞能不如守拙，用智不如秉正，多言不如敏行，妄求不如安分。

简易为怀非以玩世，端庄持已非以凌人，和平处众非以谐俗，清介盟独非以矫群。

绝世聪明须敛规矩，超群材力合就准绳，莫高势位宜守谦约，极大学问尚进粹精。

家规

敬祖宗，睦乡党，笃宗族，孝父母，继宗嗣，友兄弟，严匪交，肃闺阃，崇礼节，戒兴讼，尚节俭，卜生业，端家养，禁非为，重婚姻，警游惰。

丙子年春南门李氏谱馆新制家规家训

一、品德端正

做人先立德。品德是人的根本，只有具备良好品德的人，才可期望对家庭、对国家、对人民有益。因此，凡我族人必须从小教导子孙懂得孝敬长辈、报效祖国、明辨是非廉耻、养老护幼、行善积德、乐于奉献，严惩不孝之徒。

切记：孝顺才是宝。

二、头脑聪明

知识就是力量，知识就是财富。未来是知识和人才竞争的社会，凡我族人务须支持督促子孙完成法定学业，尊师重教，奖励后学，重视智力投资。我族子孙更应勤学苦练，立志成才，发扬拼搏精神，学好本领报效国家。

切记：聪明才是宝。

三、手脚勤快

一勤天下无难事，勤快是成事的根本。天下事为之则易，不为则难。不管是经商、耕种，还是读书、做工均要手勤脚快，身体力行，抢时间、争效益。切勿拖沓懒散，空耗时光和机遇。即便是独生子女也要从小锻炼，逐步引导，以成习惯。

切记：勤快才是宝。

四、身体健康

身体是生命之本，是事业之本。健康就是幸福。为有一个健康的身体，大家必须重视身体锻炼，重视健康保养，禁止酒淫无度，禁止五房之内近亲婚配。

切记：健康才是宝。

五、团结协作

团结就是力量。人心齐泰山移。我族内部首先应搞好家庭团结，弟兄叔侄也应胸怀坦荡，精诚合作，同甘共苦，互相提携。不应为蝇营小利钩心斗角，积怨三代；更不能嫉贤妒能，暗泼坏水，以影响家族兴旺，辱没祖先。牢固树立“一人荣全族荣，一家兴全族兴”的观念。

切记：团结才是宝。

上述诸条若能对兄弟叔侄及后辈有所启示，则吾族可兴，吾国可强。

阳山邓氏家训家规

家训

笃宗族以昭雍睦，和乡党以息争讼，隆学校以端士习，黜异端以崇正学，讲法律以儆愚顽，明礼让以厚风俗，务本业以定民志，训子弟以禁非为，息诬告以全善良，诫匿逃以免株连，解仇忿以重身命。

家规

戒忤逆，和兄弟，戒淫行，戒赌博，戒官讼，禁盗贼，崇俭朴，戒贪饮，戒咒骂，戒信佛，重斯文，严家长。

阳山刘氏家训家规

奉公守法，敬祖敬宗，尊长辈、孝父母，兄弟相亲、妯娌和睦，睦邻里、和乡党，戒赌博、淫乱、嫖娼，禁盗贼、抢劫、诈骗、拐卖人口，戒械斗，禁吸毒，勤学苦干、勿事游惰。

阳山侯氏家训家规

家训

孝顺，友恭，教子，型家，匹偶，绍述，隆师友，睦族邻，存心，改过，励业，安分。

家规

孝父母，和兄弟，敬尊长，禁凶暴，杜欺压，禁贱役，禁洋烟，严妇道，戒吞公，振书声。

劝戒文

戒赌钱　六博蹋踘，固狂荡之俗；赌钱打牌，尤败坏之风。不知倡之何人为作俑，使世之人少而壮，壮而老，共乐为其事；日而夜，夜而光，亦不散其场。此不过为赢钱计，语云：输钱只为赢钱而起，赢而无输，断无此操必胜手段。试以输钱论之，父兄妻子闻知或追赶或怒骂，何等愧耻。即无父兄妻子之知，或以无钱而受人之责，受人之逼，甚且拨衣唾面，亦所必至，又何等羞辱。且毋论输钱不可，即赢钱亦大有不可者。夫我所赢之钱即彼所输之钱，彼因输钱多有送官沉河者，亦有致妻雉经而死者，是我所赢之钱即杀人之钱，杀人之妻之钱也。念及此能不恻然？夫人生之所为者，在为其所当为，于此害己害人之事而乃津津乐道，终日夜以为之，其亦不思之甚耳。苟其思之，则必戒之，戒之亦喜难哉。饥不可忍，必求食；渴不可忍，必求饮。不赌钱打牌，固非尤饥渴之难忍，有不得已焉者，况乎不赌钱打牌，则耳目无过损之精神，室家免交徧之指谪，于以保身体，顺父母，宜妻子，亦不外是矣。吾愿族人“赌博场中休入步，是非门外早抽身”，甚幸。

戒吃洋烟　从古并无有吃烟者，有之自本朝始。然始不过吃汉烟水烟，亦并无吃洋烟者。无何，数十年来吃洋烟者到处有。人夫吃洋烟乃外国之俗，尤而效之，是直以夷乱华而变于夷也。况吃洋烟其耗费不小，其流毒非轻，而因以破产败家者十有九，因以肥身延年者十无一。肩耸齿黑尽是上瘾之人，流落失所无非打火之辈。始若引人入胜，一吸呼以为暂焉，吃之而无害，继成习惯自然，如胶如膝，遂致偶然舍之而不能入其中者。富者未有不贫，贫者未有不至于死。今皇上屡次下诏，凡直省州县俱各出招术严拿吃洋烟者，固欲除天下之害也。昔阮学院督粤，有时云阿芙蓉毒流中国，力禁犹愁禁未全，亦痛心于洋烟之为害，而思有以止之。然欲禁天下之勿吃，则虑其广而难统，欲一省一州之勿吃，亦虑其纷而难齐。今吾欲为一族禁，其人属家人妇子固可耳提面命，其村虽棋布星罗亦可家喻户晓。犯者有罚，违者重惩，禁于未然，警其将来，则于阮学院之犹愁禁未全者，不无小补。即于以上承乎圣天子至意，亦不外是。

乡规民约

无规矩，不成方圆。国有国法，家有家规。为了保证村内村民正常的生活、生产的有序进行，创造良好的治安环境，实现社会的和谐发展，在党和国家方针、政策及法律、法规原则的指导下，特制定本村规民约：

1. 维护生产资源，人人有责，严禁破坏农田基本设施建设，禁止在基本农田内采砂、采矿，修筑永久性建筑物，违者，按恢复所需资金的 2 ~ 3 倍处罚，情节严重的上报政府机关部门。

2. 严禁破坏他人农作物和其他生产设施，违者，按所损坏价值的 2 ~ 5 倍处罚。

3. 严禁盗窃他人生产、生活资料及财物，违者，处以 500 ~ 1000 元罚款，严重者上报上级司法机关。

4. 严禁打、砸、抢等一切危害社会安定的违法行为，违者，除赔偿被损害人 1 ~ 3 倍的损失外，情节严重者交由司法部门处理。

5. 严禁贪污、挪用公款，违者，退回公款，并处以罚金 1000 ~ 5000 元，数额巨大者，交由国家机关处理。

6. 严禁乱砍滥伐，对破坏村前屋后风景林者，处以 1000 ~ 5000 元罚款，对偷盗和烧毁他人林木者，处以所损坏资源价格的 2 ~ 3 倍赔偿，并处罚金 500 ~ 1000 元，严重者交由林业部门处理。

7. 严禁破坏交通、电力、通讯、水资源、体育等公共建设设施，违者，除赔偿外，还要交予司法部门处理。

8. 讲文明、讲礼貌，禁止一切不文明行为，违者，除批评教育外，处罚金 100 ~ 500 元，造成严重后果者，交司法机关处理。

9. 严禁虐待长辈、妻子、儿女。

①对打骂或不赡养祖父母和父母的，除批评、教育外，勒令每年负担祖父母或父母

赡养费 2000 ~ 5000 元每人。

②对打骂妻子、儿女，又不抚养子女的，除批评、教育外，勒令其按当时人均生活水平的 1 ~ 2 倍支付抚养费用。

10. 禁止一切不利于子女上学读书的行为，父母最少要负担起义务教育阶段的经费。

11. 严禁聚赌、吸毒，违者处罚金 500 ~ 1000 元，造成严重后果者，交司法机关处理。

12. 严禁打击报复行为，违者，除赔偿损失外，交司法机关处理。

以上条款望广大村民遵照执行。

桂阳县正和乡阳山村委会

2002 年 5 月

阳山古民居保护公约

阳山古村，山环水绕；明清建筑，祖辈遗宝。

政府整修，重显旧貌；为加保护，村规八条。

一要防火，小心烘烤；电线电器，检修防老。

二要防潮，不渗不漏；木器木料，保持干燥。

三要防鼠，珍惜古雕；门窗字画，防虫防咬。

四要防盗，管好珍宝；谨防贩子，骗买骗捞。

五不乱挖，巩固房脚；培土护林，爱惜花草。

六不乱拆，维护旧表；古砖古瓦，不动不敲。

七不乱建，保持原貌；不今不古，有失风骚。

八不乱丢，注重德操；子孙妇孺，言传身教。

以上村规，人人记牢；共同遵守，共同提高。

桂阳县正和乡阳山村委会

2006 年 9 月

古村落保护管理暂行办法

① 桂阳县人民政府根据《规划》制定实施细则和管理办法，对传统村落保护做出具体的措施规定。组织编制和深化分期规划内容，落实分期规划的实施计划与责任部门。建立规划实施的评估衡量标准，监督实施进展与问题及时向相关责任部门提交详细计划实施情况和总体规划监测报告，根据文化遗产保护要求及时组织修编和调整主要保

护措施。

② 各级政府要保障对传统村落的各项保护与建设资金供给，建立社会投资机制，鼓励社会力量以多种投资方式参与古村落的保护与发展工作。利用国家、地方财政性拨款、集体单位、社会赞助、各级政府与行政调拨、居民筹款等资金，设立保护专项资金，用于传统村落内文物建筑和重要历史建筑的修缮整治，改善传统村落的生活设施，提高居民生活质量。

③ 政府设立专门低利率借款，鼓励居民对私房进行维修和整治，而后政府进行适当的补贴。

④ 建立由管理层逐层到村民的各层检查和报告制度及时掌握规划实施过程出现的新情况、新问题，以便根据规定程序进行必要修订完善。根据实施进度和期限要求，制定相应年度计划，注意动态调整，抓紧落实。

⑤ 建立专门的传统村落保护机构，负责对传统村落的保护和建设进行指导、协调、监督和执行情况。

⑥ 广泛宣传传统村落保护的重要性，逐步形成全社会对传统村落保护意义和价值的共同认识，鼓励公众参与传统村落的保护工作。

⑦ 加强人才的培养和引进，保证足够的专业技术人员参与传统村落的保护管理工作。

⑧ 坚持打击对传统村落进行破坏的不法行为。

桂阳县人民政府

2010 年 9 月

阳山村村规民约——新“六会”

为了充分体现依法治村、村民自治原则，贯彻社会主义核心价值观教育，培养村民爱祖国、爱家园的博大情怀，真正实现生产发展、生活富裕、产业兴旺、管理有效、环境优美的发展目标，结合阳山古村“六会”治村内容，经多方讨论、整合，特制定新时期阳山村“六会”治村村规民约。

宗源会　以敦亲睦族，礼仪教化为要，在严格遵守国家法令的前提下，通过祭祀祖先、续修族谱、讲好前辈故事、弘扬良好家风等形式，有效开展忠孝诚信、行善积德等传统教育，激励后辈爱国爱家、敬老爱幼、诚信待人、勤俭持家、奋发进取、爱岗敬业，讲文明、树新风，弘扬正能量，为家庭争气，为村民争光，为国家争艳。

禁戒会 本会旨在禁止一切对家庭、社区和国家、社会有害的言论及行为，促进良好家风、民风的形成，保一方平安和洁静。

村民必须增强环境保护意识，爱护青山绿水，严禁乱砍滥伐，严禁野外用火和沤灰，严禁捕猎野生动物，严禁乱丢乱倒垃圾。严禁以强凌弱、偷盗欺骗，严禁黄赌毒，严禁散布谣言，严禁网络欺诈和非法上访。严禁弃养老人、孩子和其他无法自理的亲人。严禁利用职权徇私舞弊、贪赃枉法。

如有违犯，视情节轻重进行批评教育、公开检讨、经济处罚，或移送司法机关追究刑事责任。

救助会 知识改变命运，愚昧导致贫穷。凡我村民务须重视读书，竭心尽力促成儿女后代完成学校教育，成为有用之才。

本会更应举全村之力帮困助学，奖掖优秀。对家庭特别困难的孩子，除积极帮助他们争取国家助学金之外，村里每学段给予 200 ~ 500 元的教育补助。对考取大学、研究生的学生，村里一次性奖励 1000 ~ 5000 元不等。

为鼓励村民送子女参军卫国，村里每年对军属家庭进行慰问，发放慰问金 200 ~ 400 元。对退役后确因家庭困难的发放慰问金 400 元。

天有不测风云，人有旦夕祸福。本会对因病因灾或其他意外陷入困境的家庭进行力所能及的救助，金额在 1000 ~ 2000 元之间。

重九会 家有一老，如有一宝。老人是血脉情感的纽带，是知识智慧的化身。老人奋斗了一生、奉献了一生，理当受到后辈的爱戴与尊敬。

本会旨在督促村民孝顺父母、尊敬老人、救助孤寡，维护老人合法权益，促进和谐社会建设。

凡我村民不得让家里老人受冻挨饿，不得强迫老人参加劳动，不得有伤不治有病不医。不得阻挠丧偶老人依法再婚。不得打骂老人，遗弃老人。

在外工作的后辈，应定期电话联系在家老人，了解他们的生活身体状况，及时寄送钱物，保障他们的基本生活，关心他们的心理情感，不得长期不闻不问。

如有违犯，村组干部出面教育批评，勒令整改。对情节严重或屡教不改之人，通过司法程序进行责任追究。

望我村民弘扬优良传统，营造美好社会风尚。

议事会 凡村中大小公共事务必须按“四议两公开”的程序进行议处、落实。否则视为违规操作，不得算数。

本会当前常规工作：督促各农户落实好门前卫生“三包责任制”，村组干部实行不定期督导检查，对落实不到位的村户责令其及时整改，并罚扫村内公共区域卫生3天；督促农户严格按照上级要求规范建房，不得随意乱搭乱建，一经发现除责令拆除外，并承担相应后果；督促村民必须将垃圾倒入垃圾箱，不得乱扔乱倒，一经发现，除批评教育勒令整改外，处20元罚款；督促村民规范堆放物品，做到井井有条、井然有序，对乱堆乱放者责令及时整改；督促村内账务开支必须做到收支清晰，并定期在公示栏进行公示，对群众质疑要进行及时解析解答，督促相关人员对反映属实的问题，进行及时整改公布。

红白理事会 大力开展移风易俗，新事新办，废除陈规陋习。倡导婚丧喜庆活动从简操办，结婚酒宴单方办酒不得超过20席，双方合办不得超过30席、每席不得超420元，不得上高档烟酒、收受红包礼金不得超过100元/人，红白喜事实行上报备案制，由红白理事会成员对规模、范围、席数与事主进行协商确定，严禁燃放烟花爆竹，以免引发火灾事故。

以上“六会”村规民约，希望广大村民遵照执行。

阳山村村委会

2019年6月

◉ 艺文目录

阳山村艺文目录表

表 15

著作名称	出处	作者	版本	收藏信息	备注
《百福寺》	清·康熙《桂阳州志》卷 4	何天禄	清·康熙手抄本	—	纂修何其高
《立营用民兵议》	清·康熙《桂阳州志》卷 4	何佃，湖南桂阳县阳山人	清·康熙手抄本	—	纂修何其高
《石林书院》	清·康熙《桂阳州志》卷 4	何其佐，湖南桂阳县阳山人	清·康熙手抄本	—	纂修何其高
《龙渡晴云》	清·康熙《桂阳州志》卷 4	何仁言，湖南桂阳县阳山人	清·康熙手抄本	—	纂修何其高
《仙棋敲月》	清·康熙《桂阳州志》卷 4	何其高，湖南桂阳县阳山人	清·康熙手抄本	—	纂修何其高
《游坛山记》	清·康熙《桂阳州志》卷 4	何其高，湖南桂阳县阳山人	清·康熙手抄本	—	纂修何其高
《何小艮先生寿叙》	清·康熙《桂阳州志》卷 4	马之鹏，广西梧州府人	清·康熙手抄本	—	纂修何其高
《寻找阳山》	《揭秘阳山》	吴章钧，湖南宜章县人	新疆美术摄影出版社、新疆电子出版社 2006 年	—	主编欧阳朝夕
《何世敖巧治税吏》	《揭秘阳山》	胡发秀，湖南桂阳县六合人	新疆美术摄影出版社、新疆电子出版社 2006 年	—	主编欧阳朝夕
《兄弟连心合欢树》	《揭秘阳山》	彭广业，湖南桂阳县莲塘人	新疆美术摄影出版社、新疆电子出版社 2006 年	—	主编欧阳朝夕
《风水·生态·人居环境——以湖南郴州阳山古民居保护规划为例》	《规划师》	郑卫民，东南大学；李志学，华中科技大学	—	《规划师》2005 年第 6 期	—
《桂阳阳山古村民居建筑装饰形成因素探析》	《艺术科技》	陈晓芬，湖南工业大学包装学院	—	《艺术科技》2014 年第 3 期	—
《湘南地区传统村落形态及建筑特色的调查研究——以湖南省桂阳县阳山古村为例》	《华中建筑》	程明，湖南大学建筑学院；石拓，长沙理工大学土木与建筑学院	—	《华中建筑》2014 年第 2 期	—
《湘南民居门簪纹饰符号语言——以湖南郴州桂阳县阳山古建筑为例》	《艺海》	周超、黄春华，湖南工业大学包装设计艺术学院	—	《艺海》2010 年第 10 期	—
《古村落的开发与保护浅析——以郴州阳山村为例》	《建筑与设备》	程昌文、向正君、王小凡，湖南大学建筑学院	—	《建筑与设备》2010 年第 5 期	—

◉ 参考文献

〔清〕董之辅、吴为相：康熙《桂阳州志》，刻本，1683 年。

〔清〕王闿运、汪敩灏，等：同治《桂阳直隶州志》，刻本，1868 年。

欧阳朝夕:《揭秘阳山》，新疆美术摄影出版社、新疆电子出版社，2006 年。

中共桂阳县委党史联络组、桂阳县史志办公室:《中国共产党桂阳历史·第一卷（1921—1949）》，中共党史出版社，2009 年。

中共桂阳县委党史联络组、桂阳县史志办公室:《中国共产党桂阳历史·第二卷（1949—1978）》，中共党史出版社，2013 年。

桂阳县志编纂委员会:《桂阳县志》，中国文史出版社，1994 年。

桂阳县志编纂委员会:《桂阳县志（1989—2000 年）》，五洲传播出版社，2004 年。

费孝通:《乡土中国》，江苏文艺出版社，2011 年。

张岱年:《中国哲学大辞典》，上海辞书出版社，2010。

孙隆基:《中国文化的深层结构》，广西师范大学出版社，2011 年。

政协桂阳县委员会:《桂阳民俗》，中国文史出版社，2016 年。

桂阳县史志办公室:《桂阳县乡镇简志》，中国文史出版社，2017 年。

〔清〕阮元校刻:《阮刻春秋公羊传注疏》，浙江大学出版社，2020 年。

车大光主编:《谷子元纪念文集》，湖南人民出版社，2014 年。

编后记

2017年5月，中国名村志文化工程《阳山村志》编纂申报得到湖南省地方志编纂委员会审批，成立村志编纂委员会（以下简称编委会），确定主编和资料收集等编纂人员。经多次商榷修正，同年7月，形成编目提纲，报省地方志编纂委员会审核。10月，编目提纲通过中国地方志指导小组办公室审核，《中国名村志丛书・阳山村志》编纂工作正式启动。

编纂这种类型的村志，在桂阳县、在郴州市尚属首次，周边市县也少有参照，编纂人员只能边学习边请教边尝试，县史志办多方搜罗各地中国名村志丛书给我们作参考，工作逐渐有了些眉目。为拿到第一手真实、详细的资料，编纂组召开讨论会30余场，走访相关人员数百人次，查阅大量的文史资料，记下一本本笔记。为了更好地把握编写基调，编纂组成员多次外出学习。2017年7月，前往嘉禾县史志办学习，后又两次到道县查阅相关资料。经过一年多的努力，形成村志第一稿。

经县、市史志部门审核后，2018年7月，送湖南省地方志编纂院市县志工作指导处初审，同年12月初，得到具体审稿意见。意见要求：结构上再作调整，切合村志体例；内容记述要体现地方特色，具有可读性；人物处理上要提高入志门槛；要图文并茂等。2018年12月中旬，县史志办带领编委会主要成员前往江苏吴江区和浙江柯桥区史志部门取经。月底，编委会召开会议，结合省地方志编纂院市县志工作指导处的审稿意见和外出江浙两省考察学习获得的信息进行深入研讨，逐条领会、落实市县志工作指导处审稿意见，提出细化方案。

2019年4月，《阳山村志》第二次送县史志办审阅。同年6月，召开改稿联席会议，听取唐土成所作的《阳山村志》审稿意见，并形成进一步的修改建议。

同年11月，《阳山村志》修正稿完成，县委党史研究室（原为县史志办）按程序将修正稿送呈郴州市地方志编纂室评审。编纂组根据市评审意见再作修改后，2019年12

月28日，将《阳山村志》第二稿送呈省地方志编纂院市县志工作指导处。

湖南省地方志编纂院市县志工作指导处领导、专家逐页批阅，于2020年2月27日反馈志稿审稿意见。意见认为，村志内容应覆盖整建制村，应集中表现阳山村的鲜明特色，同时要注意避免厚古薄今。编纂组对照意见调整思路，增加了阳山其他村组的内容，并结合“中国名村志丛书”编纂要求逐条修改打磨，突出阳山的“和”文化与“六会”治村内容，增加红色文化。

同年7月上旬，修改稿完成，桂阳县委党史研究室再次进行了审阅，并报市地方志编纂室评审。2020年8月，编纂组在市地方志编纂室反馈意见的基础上又作修改，将第三稿送呈省地方志编纂院。省地方志编纂院副院长邓建平、市县志工作指导处主任隆清华等领导、专家对《阳山村志》高度重视，逐页批点圈阅，形成终审意见，于同年9月18日向《阳山村志》编纂组进行了反馈。

根据终审意见，桂阳县委党史研究室和村志编纂组反复研究，编纂人员再作修改打磨。同年10月下旬，完成付印稿并呈省地方志编纂院上报中国地方志指导小组办公室。

《阳山村志》在编纂过程中，为获取准确原始材料和数据，力求如实、全面反映阳山村历史和村民生活状况，编纂组或走村入户，与村民深入交谈；或查阅各村组姓氏族谱资料，了解族群的历史渊源；或出入市县档案馆、图书馆翻阅书刊、摘录史料，可谓辛劳备至。《阳山村志》在编委会的共同努力下，在省、市、县各级领导、专家的悉心指导下，两次作出重大修改，前后历经十余次打磨，今得以付梓面世，不仅是编纂人员不辞辛劳、甘受寂寞、坚守初心、勇担使命的结果，也是各方守望相助、精诚配合、共同协作的结果。

《阳山村志》编纂及出版离不开各级党委、政府及史志部门的关心支持，离不开社会各界人士的大力帮助。特别感谢桂阳县委、县政府对本志编纂工作的指导支持，感谢阳山村全体村民及何文康兄弟、李文远兄弟、李文强等乡贤的大力支持和热忱捐赠。本志中收录了部分作者为阳山村所写所摄的美文、诗词、照片，有的没有及时联系到作者，在此也一并向你们表示歉意和谢意。

由于编者水平有限，资料难全，书中难免存在纰漏、缺憾甚或错误，恳请读者批评指正。

编　者

2023年10月

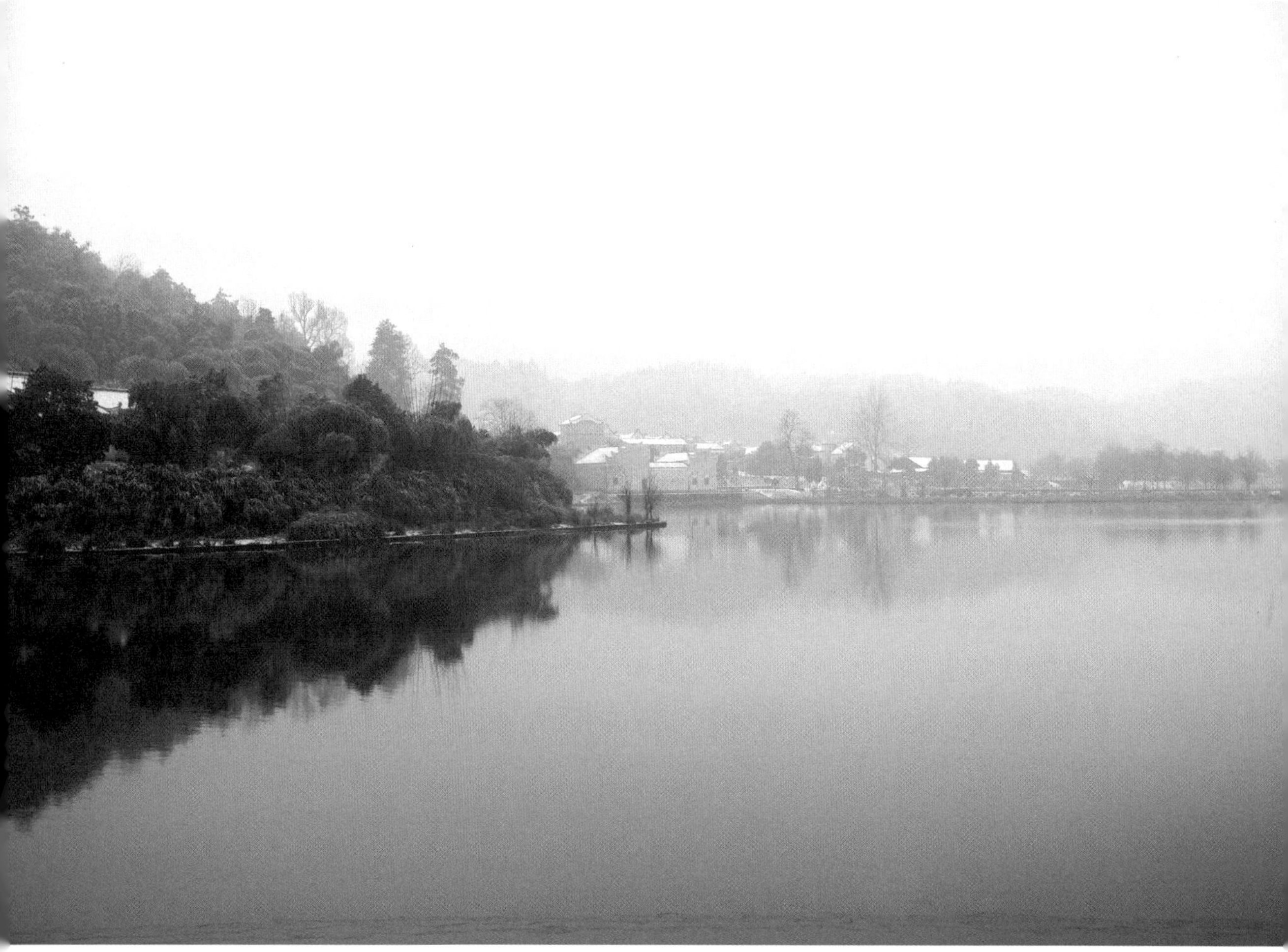

积雪阳山（2018 年）

中国名村志丛书

《中洪村志》
《仁里村志》
《青林寺村志》
《魁胆村志》
《黄里村志》
《李家疃村志》
《扬美村志》
《马头溪村志》
《大京村志》
《凌庄子村志》
《古现东村志》
《上岳村志》
《双街村志》
《开弦弓村志》
《乔李村志》
《庙宫村志》
《梁堡村志》
《陶家夼社区志》
《八岔村志》
《高碑店村志》
《陈砦村志》
《东岭村志》
《獐岛村志》
《防川村志》
《王兰庄村志》
《兰英村志》
《麻扎村志》
《堆谷山村志》
《韦小庄村志》
《城畈村（社区）志》
《石塘村志》
《隆里所村志》
《黄瓜山村志》
《三山村志》
《杨湾村志》
《陆巷村志》
《荷花村志》
《新生村志》
《石牌村志》
《尧治河村志》
《党家村志》
《东龙村志》
《官渡社区志》
《九保村志》
《焦庄户村志》
《肇兴村志》

《江东村志》
《宝坪村志》
《沙滩村志》
《鹏城社区志》
《塘尾村志》
《牡丹村志》
《北山社区志》
《万家村志》
《樵岭前村志》
《新城村志》
《井塘村志》
《花园河村志》
《白雾村志》
《花茂村志》
《水峪村志》
《南社村志》
《北崮山村志》
《德夯村志》
《长城村志》
《莲麻坑村志》
《电站村志》
《外三道沟村志》
《双凤村志》
《阳山村志》
《东方村志》
《安乐寨村志》